◎乙巳蛇年 九宮飛星吉凶圖

西北方 是非位 三碧祿存星	正北方 破財位 七赤破軍星	東北方 五黃煞位 五黃廉貞星
正西方 文昌位 四綠文曲星	中宮方 病符位 二黑病符星	正東方 喜神位 九紫右弼星
西南方 正財位 八白左輔星	正南方 偏財位 六白武曲星	東南方 桃花位 一白貪狼星

◎乙巳蛇年 九宮飛星圖

九運	一白	二黑	三碧	四綠	五黃	六白	七赤	八白	九紫
2024～2043	生(2025)	死(2025)	衰(2025)	生(2025)	死(2025)	生(2025)	衰(2025)	生(2025)	生(2025)

目錄

西曆：2025年2月3日22時12分

農曆：2025年1月6日22時12分

	食神	正官		比肩
立春：	乙	戊	癸	癸
	巳	寅	卯	亥
	正財	傷官	食神	劫財

✿乙巳蛇年分析：

㈠每逢地運交接的時候，總是動盪不安！各位~回想一下慘烈的「甲辰」龍年，世界爭鬥不休，無論是戰爭，政治或是經濟，戾氣之大，破壞有餘，經濟有限。進入「乙巳」蛇年，又逢轉角四馬地，總想期待改頭換面，新

第一章 曼樺老師 年運分析

氣重生。然而~對於「蛇」之特性我們必須了解一下。「蛇」之嗅覺敏銳，聽覺較遲鈍；雖沒有四肢，卻能迅速活動；消化系統非常強大，大到能一次吞嚥一整隻動物。「蛇」之性格：憑藉著驚人的感知能力生存；體溫隨氣溫而變，適應環境能力極強；成年蛇類一般每年脫皮3次左右。在自然界中，蛇有很多天敵，包括貓、刺蝟、雕、鷹、狐狸、鵜、獾、貓鼬、蛇鵰、巨蜥等。這些動物都是蛇的捕食者，蛇會對它們產生本能的恐懼。追溯歷史，我們發現，蛇年從未平靜過，因爲它在十二生肖屬性中，是陰性最強的一個，龍年的許多災難苗頭，在蛇年達到高峰。蛇年的災難，往往產生於龍年的暴行。因此，建議大家繼續謹慎行事，多多留意國際情勢，居安思危，做好自己的一切準備與行爲，活在當下，珍惜生命，以便對應更多的考驗。

㈡「乙」代表之涵義

1.人物：爲中醫，醫生，女人，妻子，藝人，畫師，作家。

2.動物：蚯蚓，蛇，天鵝，龍，海參，海腸，蠶蟲，鳥類。

3.植物：中草藥，花草，小樹，水果樹，藤蔓細嫩植物，牽牛，黃瓜，柳枝，爬山虎，龍爪槐。

4.靜物：辦公桌、椅子、床、葫蘆、木雕、圖畫、裝飾性強的物品，漂亮的房門，門窗，籐椅。

5.方位：東方

6.色彩：青色，淺綠色。

7.性格：低調、和善、有時候非常執拗、內向憂鬱、內心剛強、富有野心、懂得以進爲退、手腕高明，善於隱藏。

8.面相：爲眉毛，爲兄弟，姊妹，爲朋友。

㈢「巳」代表之涵義

1. 人物：精神病患者、經常做夢的人、怪人、流血受傷的人、愛打架者、討債者、文藝工作者、犯法者、虛偽狡詐者、廚師、歌手、少女、美人、乞丐、婦人。
2. 人體：血液、心、面部、口腔、喉嚨、齒、唇、左肩小腸、眼睛、肛門。
3. 動物：蛇、蚓、蟬、螢火蟲、飛蟲、飛鳥、蜥蜴、鱔魚。
4. 植物：植物的尖部、藤蘿、瓜秧、牽牛、蒺藜、爬山虎等蔓狀類植物。
5. 疾病：咽喉，牙齒，肛門，神智不清，眼睛，走路搖擺。心臟系統。
6. 地理：熱鬧向陽的地方、娛樂場所、磚廠、化工廠、彎曲的河流、彎曲的小路、長城、電器店，燈光，燭火。
7. 方位：南偏東。
8. 顏色：紅色、紫色、粉色、粉紅色。

9.數字：4、5、6。

10.現象：陰火、溫暖、文化、文章、思想、幻想、霧虛、變化、色彩、影像、道路、寺觀、樓臺、鬧市、網路。

㈣行業影響

「乙巳」蛇年之行業影響，包括：中醫，醫師，行業菁英女性，藝人，畫師，作家，文化傳媒行業、能源業、化工行業、娛樂、冶煉、美容業、餐飲業、服務行業等。此外，離運開啓（2024～2043年），曼樺 老師在去年（2024龍年運程書）已提出相關行業大受歡迎，今年再次陳列如下：評論家、心理學家、演說家等，心理師，婚姻諮詢師、靈性療愈師，命理師，瑜珈，禪坐，宗教，信仰，旅遊，文化，透過視頻放鬆心靈的各種方式，包括一些身體疾病的新型疾病治療方式。

㈤綜觀世界，全球地理，國際局勢

1. 台灣地處中美兩強之間，台灣問題是中美關係中最重要、最核心、最敏感的問題所在。生存發展茁壯皆依國際局勢變化及承認聯合國公報所述。自身能掌握只有信心與努力。在乙巳蛇年國際地緣政治必須注意，東昇西降變化持續加速。所謂：靠山山倒，靠人人跑。不如自立自強，求生求變。

2. 歐洲持續衰退，求強圖變只是曇花一現。東南亞迎接離火大運，木火通明，文化歷史加強旅遊運的暢旺，萬象齊發，渤渤生機，餐飲科技有利可圖，但也因各自爲政，各有心思，陷阱重重。南海衝突雷聲大雨點小。東北亞緩步停滯發展。非洲南美爆發中東危機常態化。

展望經濟～隨地緣政治，市場變化起起伏伏，真不是單純競爭力與市場因素，個人共業與別業因緣變化，才是核心問題。自我調適保守看待 與 現金為王是應變法寶。大環境不可預期天災人禍，深深影響每個人荷包，不得不注意。

(一) 西南方(正財位)

2025乙巳蛇年，八白左輔星飛臨西南方，爲流年的正財位。八白左輔星爲吉星，五行屬土，八白星得令時（九運）爲財運亨通，功名富貴，田宅科發。對於上班族，經營公司，店面等，必須靠自己的體力和智慧，創造價值的人來說，今年這個方位是非常有利催財的。

✿辦公室，居家 旺財佈局：

1. 2025乙巳蛇年，公司入門口或是主管位置，居家客廳位居西南方位置，建議佈置擺放銅貔貅（金色），左腳在前爲公的，頭對外。或是黃水晶發財樹，黃

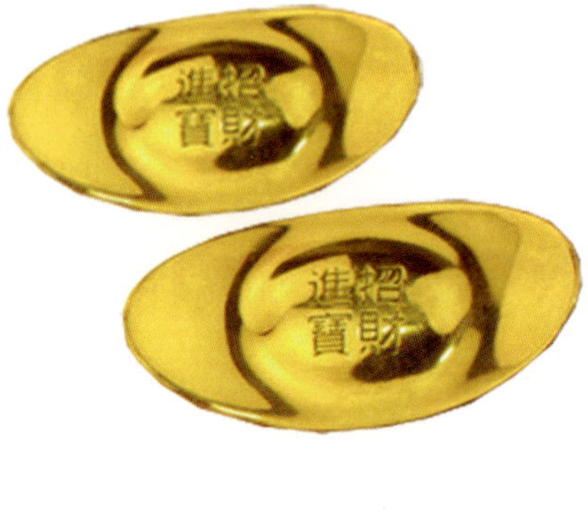

水晶球等催財用品，加強公司業務穩定，財源廣進，居家成員財運廣開，升官發財。

2. 2025乙巳蛇年，若是大樓的入口區，辦公室大門在西南方位置，建議鋪上紅色地毯（歡迎光臨字樣），火來生土，可以催旺財氣，幫助業績提升。主管辦公室，會計財務室，以黃水晶招財樹，金元寶或是陶瓷品等來佈局，能加強環境空間風水吉氣，達到財源穩定的效果。

3. 今年宜保持西南方正財位的整潔和光線明亮是非常重要的，每天打掃財位，避免灰塵覆蓋，同時，確保財位光線充足，天天欣喜接財。

(二) 南方（偏財位）

2025乙巳蛇年，六白武曲星飛臨南方，爲流年的偏財位。六白武曲星五行屬金，得令時，此星是偏財星，可以帶來財運興隆，今年勢必要好好利用。同時也具有驛馬效能，能結緣海外商務合作機會，賺取海外財。此外，行業爲：軍政界，技術工作，運動員，或是部分金融，投資，銀行實際人員，今年南方位置的布局，絕對大利。

居家、辦公室旺財佈局：

1. 2025乙巳蛇年，老闆，主管辦公室在南方位置，是權力主導的象徵。建議擺放一隻公的貔貅（朝向門口），龍龜，或是瓷器瑞獸大象，財寶瓶等，都能達到催旺

偏財金氣，財氣亨通，讓您人脈得力，左右逢源，行事順風順水。

2. 2025乙巳蛇年，南方位置，如爲辦公室大廳接待區或是居家玄關，建議可擺放風水魚缸，養上八條金魚，金來生水，如魚得水，流動的水財，催旺偏財氣，幫助公司對外口碑名聲提升，公司人員升職加薪機會增加，居家成員向外發展順利，財源廣進，心想事成。

（三）東南方（桃花位）

2025乙巳蛇年，一白貪狼星飛臨東南方，爲吉星桃花位。一白貪狼星，五行屬水，下元九運期間爲得令旺星。一白星在得令之時，代表桃花、名氣、官

運和財運。一白貪狼星並能催旺感情，增加人緣，對於單身者的桃花運勢，異性緣有很大幫助。也能夠讓夫妻間的感情，變得和諧順暢。有需求者，今年要善用東南方桃花位的佈局。

辦公室，居家旺財佈局：

1. 2025乙巳蛇年，女性主管辦公室，餐飲門店，女性美容業櫃台，化妝相關產品的營業場所，可以在東南方位置，擺放水生紅色花卉瓶，或是綠色水生植物，有助於業績的提升和客戶關係的融洽順利，致使財源廣進，生意順遂而成。居家環境要催桃花，可在家中客廳東南方

位置，擺放粉水晶的裝飾物，寓意關係和諧，增進感情。

2. 2025乙巳蛇年，東南方桃花位也是流年太歲方，切忌動土，大型拆卸裝修能免則免，否則影響耗費，公司運勢或家運都會莫名其妙受阻。建議在此方位，掛上一串五帝錢來平衡氣場，萬事OK。

(四) 東方(喜慶位)

2025乙巳蛇年，九紫右弼星飛臨東方，為喜慶大吉方位。九紫右弼星下元九運屬於得令旺星，代表喜慶愛情，桃花人緣及貴人，大利置業及建築。九紫屬火、坤宮屬土，代表母親，成熟的女性，火來生土，今年容易有嫁娶女兒，添丁生子等喜事發生。因此，今年的東方位，要好好佈局，一定能發揮效用。

辦公室，居家 旺運佈局：

1. 2025乙巳蛇年，位居東方的辦公室入口，店鋪櫃檯，若要生旺人氣，多多利用紅色，紫色，綠色元素來佈局，九紫爲火，木火要通明。例如：紅色地毯（歡迎光臨字樣），紅色花卉盆栽，綠色小盆栽（非水生），紅色造型裝飾物等，集中氣勢，鼓動人心，能起到催旺吉運的作用。

2. 2025乙巳蛇年，單身者房間，想要有戀愛發生的機會，一定要善加佈局。多使用溫暖的顏色，紅色罩子的檯燈，紅色抱枕，多穿粉紅色或棗紅色系睡衣就寢，凝聚愛情能量，增加異性緣，心想事成，一定能美夢成眞，戀愛早發生，喜事早臨門。

（五）西方（文昌位）

2025乙巳蛇年，四綠文曲星飛臨西方位置，爲今年的風水文昌位。四綠文曲星，五行屬木，流年宮位相生帶剋，如果主管辦公室位於西方位置，得好好布局。尤其是文化創意設計，公關活動，網路行銷，行政人員等，可以利用文昌星帶來的創意想法以及正面氣場加以佈局，催動業務發達，貴人提攜，人際關係和諧的力量，來提高自己的工作信心和對外的名聲響亮。

居家，辦公室旺運佈局：

1. 2025乙巳蛇年，公司會議室，會客洽談區在西方位置，可以規劃爲泡茶區，或是閱讀區（短暫），擺上泡茶桌，煮茶飲茶，洽談業務更加順利，對內對外人際關係都和諧。或是在西方位置擺上藍色元素或綠色元素的休息區，沙發，抱枕，可以催發公司對外的良好名聲發揮，也利於工作人員進修，升等考試。

2. 2025乙巳蛇年，孩子書房或書桌在西方位置，今年佈置擺放一個富貴竹（四枝即可）水瓶，引動加強文昌氣息，讓孩子能夠聚精會神，頭腦清楚，提振積極進取之心，提升讀書學習效率，並且考試順利。

(六) 西北方(是非位)

2025乙巳蛇年，三碧祿存星飛臨西北方位置，三碧祿存星凶星，下元九運期間失令爲退運星，代表官非口舌，破財招刑。三碧星屬木，爲大凶。今年辦公室西北位置，主管辦公室等必須留意佈局，謹審處理，才能避免莫名其妙帶來的溝通不良，誤會產生，造成情緒激動，矛盾是非發生。

居家、辦公室穩運佈局：

1. 2025乙巳蛇年，辦公室西北方，主管辦公室西北方位區，可以多利用紅色元素的擺件，木來生火，洩掉木氣。或擺放玫瑰，聖誕紅盆栽，鋪上紅色花卉

圖案的古典地毯等，來平衡磁場，化解公司內部壓力及緊張的情緒，杜絕減少人懶散，口舌是非的發生。

2. 2025乙巳蛇年，爲減少避免刺激此是非星，魚缸或是水生植物，千萬不要擺放。不建議在此區經常泡茶，或是恰巧公共廁所在此區，談論多了，時間久了，話題內容都成了謠言八卦。

（七）北方（破財位）

2025乙巳蛇年，七赤破軍星飛臨北位，恰巧是流年破財位。七赤破軍星凶星，五行屬金，下元九運期間失令是退運星，代表口舌是非，刀光劍影，戰爭。又代表火險、及身體上呼吸、肺部的毛病。今年主管辦公室，書房，店面收銀

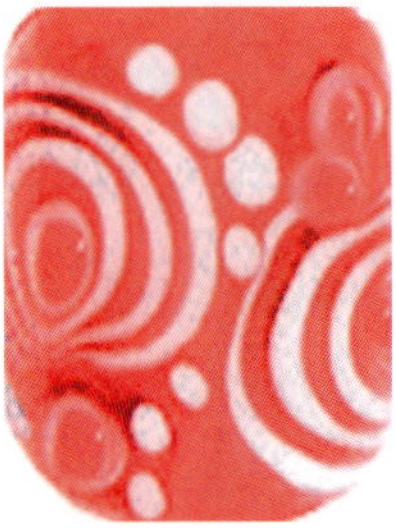

櫃檯，或會計位置應避免在北方位。如不能避免，則儘量不要長時間在此方位，善加佈局，盡可能的抵消破財機率。

居家、辦公室穩財佈局：

1. 2025乙巳蛇年，辦公室大門，或是主管辦公室位居北方，建議擺放加濕器（霧化器），或是帶水氣的香精噴霧瓶，來循環周邊空氣，泄去金氣，化解不良磁場，平衡自身情緒及環境和諧氣氛，減少爭吵氣怒引起的破財傷害。
2. 2025乙巳蛇年，北方是今年的破財位。如沒有急需必要，應減少大型裝修，小的修改裝修應盡快處理，施工勿拖長期，以免影響健康。更不能擺放大型流水器、宜靜不宜動。

（八）東北方（五黃煞位）

2025乙巳蛇年，五黃廉貞星飛臨東北方。五黃廉貞星爲凶星，五行屬土，下元九運期間失令爲退運星。五黃星所到之方位皆犯五黃煞，要格外當心。今年位在東北方之公司大門門廳，主管辦公室，要善加佈局，緩解煞氣，才能減少爭吵不合發生高的機率，及意外傷害。凡是居家開門、開窗、座位、臥床、廚房位於五黃位，尤其脾胃功能差的人士，要注意保養身體。

✿ 居家，辦公室化煞佈局：

1. 2025乙巳蛇年，無論是主管辦公室，或是居家大廳，人員聚集較多的地方，建議在東北

方位，掛上銅鈴，或是鋼琴音樂的播放，對於室外與室內的磁場環境取得平衡，削弱五黃之凶煞，以及看不見的病氣，使之逢凶化吉，保佑自己順心如意，避免運勢曲折不順。

2. 今年鄰街舖面位在東北方位，最好不要掛鏡子，或是擺放過多的金屬物件如大型不鏽鋼，玻璃等，反射傷害勢必提高。此外，避免放水生植物或是養魚（水缸）。五黃位不宜動土，不宜擺放紅色或黃色物品。

（九）中宮（病符位）

2025乙巳蛇年，二黑巨門星飛臨中宮位置，二黑巨門星又稱病符星，五行屬土，下元九運期間得令當生。中宮屬土，二黑星五行屬性也爲土，反而

加重其破壞力，影響變本加厲。今年公司人員流動多的中庭區，家中的客廳，都要格外留意佈局，不可輕忽。

居家，辦公室化煞佈局：

1. 2025乙巳蛇年，凡是辦公室座位區以及客廳，位居中宮位置，建議掛上銅葫蘆，葫蘆的風水作用爲「收」，收納病氣，化解煞氣，護佑身體健康，元神清明，保佑自己平安吉祥，順心如意，不被混亂的磁場打擾，影響情緒及健康。
2. 2025乙巳蛇年，辦公室，居家的中宮位置，要保持清潔，不要堆放雜物垃圾，讓空氣流通，太陽充足。並隨時關注自己以及家人的身體健康變化。千萬不要養魚，及擺放水生植物。

百歲年齡生相對照表

民國年號	西元年號	六十甲子生相	年齡
民國十五	1926	丙寅虎	一百歲
民國十六	1927	丁卯兔	九九歲
民國十七	1928	戊辰龍	九八歲
民國十八	1929	己巳蛇	九七歲
民國十九	1930	庚午馬	九六歲
民國二十	1931	辛未羊	九五歲
民國廿一	1932	壬申猴	九四歲
民國廿二	1933	癸酉雞	九三歲
民國廿三	1934	甲戌狗	九二歲
民國廿四	1935	乙亥豬	九一歲
民國廿五	1936	丙子鼠	九〇歲
民國廿六	1937	丁丑牛	八九歲
民國廿七	1938	戊寅虎	八八歲
民國廿八	1939	己卯兔	八七歲
民國廿九	1940	庚辰龍	八六歲
民國三十	1941	辛巳蛇	八五歲
民國卅一	1942	壬午馬	八四歲
民國卅二	1943	癸未羊	八三歲
民國卅三	1944	甲申猴	八二歲
民國卅四	1945	乙酉雞	八一歲
民國卅五	1946	丙戌狗	八〇歲
民國卅六	1947	丁亥豬	七九歲
民國卅七	1948	戊子鼠	七八歲
民國卅八	1949	己丑牛	七七歲
民國卅九	1950	庚寅虎	七六歲
民國四十	1951	辛卯兔	七五歲
民國四一	1952	壬辰龍	七四歲
民國四二	1953	癸巳蛇	七三歲
民國四三	1954	甲午馬	七二歲
民國四四	1955	乙未羊	七一歲
民國四五	1956	丙申猴	七〇歲
民國四六	1957	丁酉雞	六九歲
民國四七	1958	戊戌狗	六八歲
民國四八	1959	己亥豬	六七歲
民國四九	1960	庚子鼠	六六歲
民國五十	1961	辛丑牛	六五歲
民國五一	1962	壬寅虎	六四歲
民國五二	1963	癸卯兔	六三歲
民國五三	1964	甲辰龍	六二歲
民國五四	1965	乙巳蛇	六一歲
民國五五	1966	丙午馬	六〇歲
民國五六	1967	丁未羊	五九歲
民國五七	1968	戊申猴	五八歲
民國五八	1969	己酉雞	五七歲
民國五九	1970	庚戌狗	五六歲
民國六十	1971	辛亥豬	五五歲
民國六一	1972	壬子鼠	五四歲
民國六二	1973	癸丑牛	五三歲
民國六三	1974	甲寅虎	五二歲
民國六四	1975	乙卯兔	五一歲
民國六五	1976	丙辰龍	五〇歲
民國六六	1977	丁巳蛇	四九歲
民國六七	1978	戊午馬	四八歲
民國六八	1979	己未羊	四七歲
民國六九	1980	庚申猴	四六歲
民國七十	1981	辛酉雞	四五歲
民國七一	1982	壬戌狗	四四歲
民國七二	1983	癸亥豬	四三歲
民國七三	1984	甲子鼠	四二歲
民國七四	1985	乙丑牛	四一歲
民國七五	1986	丙寅虎	四〇歲
民國七六	1987	丁卯兔	三九歲
民國七七	1988	戊辰龍	三八歲
民國七八	1989	己巳蛇	三七歲
民國七九	1990	庚午馬	三六歲
民國八十	1991	辛未羊	三五歲
民國八一	1992	壬申猴	三四歲
民國八二	1993	癸酉雞	三三歲
民國八三	1994	甲戌狗	三二歲
民國八四	1995	乙亥豬	三一歲
民國八五	1996	丙子鼠	三〇歲
民國八六	1997	丁丑牛	二九歲
民國八七	1998	戊寅虎	二八歲
民國八八	1999	己卯兔	二七歲
民國八九	2000	庚辰龍	二六歲
民國九十	2001	辛巳蛇	二五歲
民國九一	2002	壬午馬	二四歲
民國九二	2003	癸未羊	二三歲
民國九三	2004	甲申猴	二二歲
民國九四	2005	乙酉雞	二一歲
民國九五	2006	丙戌狗	二〇歲
民國九六	2007	丁亥豬	一九歲
民國九七	2008	戊子鼠	一八歲
民國九八	2009	己丑牛	一七歲
民國九九	2010	庚寅虎	一六歲
民國一〇〇	2011	辛卯兔	一五歲
民國一〇一	2012	壬辰龍	一四歲
民國一〇二	2013	癸巳蛇	一三歲
民國一〇三	2014	甲午馬	一二歲
民國一〇四	2015	乙未羊	一一歲
民國一〇五	2016	丙申猴	一〇歲
民國一〇六	2017	丁酉雞	九歲
民國一〇七	2018	戊戌狗	八歲
民國一〇八	2019	己亥豬	七歲
民國一〇九	2020	庚子鼠	六歲
民國一一〇	2021	辛丑牛	五歲
民國一一一	2022	壬寅虎	四歲
民國一一二	2023	癸卯兔	三歲
民國一一三	2024	甲辰龍	二歲
民國一一四	2025	乙巳蛇	一歲

吉星曜分析註解

天乙貴人：象徵貴人相助。
青龍：有利文職事業發展、進修、求學。
月建：象徵和合之趨勢。
明堂：有發揮才能，表現自己的機會。
天官：象徵求職、財運、恩賜之兆。
金匱：象徵有財運。
寶光：象徵曙光初露、轉危爲安。
月合：有機會做投資或交易買賣。
司命：象徵較自主、獨立、權力。
驛馬：象徵走動、環境變遷，如：轉職、遷徙。
玉堂：象徵有利於財運與事業。
福星：象徵逢凶化吉。
喜神：象徵遇到喜事。
建祿：象徵財運、衣祿豐足。

凶星曜分析註解

天刑：象徵天災、疾病、男性與男性間衝突。
路空：象徵道路上的危險。
旬空：象徵破財失物。
白虎：象徵疾病、流血、牙流血。
不遇：象徵懷才不遇，才華難以發揮。
天牢：象徵孤獨無援，做事難以發揮。
玄武（元武）：象徵盜竊、紛爭、詐騙。
月刑：象徵勞苦禍害。
勾陳：象徵暴力、紛爭、訴訟。
月害：象徵上下壓迫，令身心交煎。
月破：象徵破財損物。
朱雀：象徵口舌招禍。

太歲將軍又稱爲太歲星君，是一名掌管人間禍福吉凶的神支，太歲將軍共有六十名，每年都由其中一位主管，六十年一輪回。每個人都有對應的本命星君守護本命，若是遇到沖犯太歲的本命年，或者在容易犯太歲的年份做出不當的行爲，則會帶來運勢上的一系列破損效應，對個人的流年運勢帶來嚴重打擊。

2025乙巳蛇年，太歲星君 吳遂 大將軍 值星。太歲爲百神之統。是地神中最有力的神！太歲神主管人的本生身命之災和流年臨犯之厄。而太歲也被視爲凶神，所在的位置即爲凶方，忌動土、建築、遷移等。凡沖犯太歲者，流年不穩、諸事不順、口舌是非、破財、小人招致，或有不測之災難降臨，眞是令人緊張，唯有敬拜太歲神，該年安太歲來化解，以祈求平安，趨吉避凶。所謂「太歲當頭過，無福必有禍」，面對流年犯太歲，我們不能選擇逃

避的心態應對，因為犯太歲雖然不一定會造成不好的影響，但也不能掉以輕心，必要的化解工作還是需要的。

2025乙巳蛇年 太歲方位在－東南方，歲破方在－西北方

2025年是乙巳蛇年，肖蛇－犯太歲，肖豬－沖太歲，肖虎－害太歲／刑太歲，肖猴－破太歲／刑太歲。這幾個生肖在2025乙巳蛇年的運勢多少都會受到太歲的影響，出行，做事，感情，健康等，需要用心維護，提高警覺心。犯太歲的年份裡小人是非多，要遠離口舌是非，才能減少自身運勢受影響。犯太歲的年份裡最忌血光之災，尤其是本命年和沖太歲的生肖，開車要特別注意，避免酒後駕駛，遵守交通安全。

（一）犯太歲（本命年）：蛇

主傷害、易破財、防盜賊、感情挫。

1953，1965，1977，1989，2001，2013，2025

（二）沖太歲：豬

主兇險、運勢乖、易損財，意外傷。

1959，1971，1983，1995，2007，2019

（三）害太歲／刑太歲：虎

主疾病、財物慎、犯小人、事業頓。

1962，1974，1986，1998，2010，2022

（四）破太歲／刑太歲：猴

主刑災，犯口舌、礙工作、慎出行。

1956，1968，1980，1992，2004，2016

乙巳蛇年　農曆（陰曆）正月十五以前（是最後期限），最好能在114（2025）年國曆二月15日之前完成安太歲儀式。到各大廟宇直接安太歲，點元辰燈。有的寺廟可以祭拜太歲神，準備中（廣）式三寶便當（雞、鴨、肉）一個，一雙筷子、花生糖、金棗糖、糯米糕、蘋果、橘子共五樣，金銀紙及壽金，到太歲殿祭拜。心中默禱：敬愛的太歲神在上，善男／善女○○○（出生年月日、時辰說清楚，講明白），今年命犯煞星，恐福禍不定，祈求 吳遂 太歲星君，保佑今年免去災難，趨吉避凶，大事化小，一切順利！

（五）年中記得謝太歲神，農曆（陰曆）七月十九（國曆九月10日）。

化解太歲的方式：

1. 安太歲，拜太歲 儀式（一整年）
2. 捐血（化解流年災難，車關，血關）
3. 捐米，捐錢，幫助他人（化解流年口舌是非）
4. 配戴開運飾品（隨身佩戴一些寓意吉祥的飾物，定能爲自身招來好運，化解厄運與不幸，進而提升運勢）。

（一）蛇（犯太歲，本命年）

吉星：天解，歲駕 星

凶星：血刃，病符，浮沉，劍峰 星

事業：

2025乙巳蛇年，肖蛇者恰逢本命年，工作上多少有煩心的事，並非那麼順利。令人開心的是有「歲駕」星護佑，事業信心十足，貴人會在適當時出現。老話說：太歲當頭座，無喜必有災。人事上合作的不順，造成事業發阻滯，基本上沒有太大的發展，還好有「天解」星護佑，保持平穩，低空過關沒問題。此外，也要注意低調行事，未成定局的事，不必急著分享，以免招來小人覬覦，口舌是非，建議謹言慎行，布局未來，積穀防饑，年底有轉敗為勝的機會。事業工作運較順之月：農曆三月，六月，八月。

財運：

2025乙巳蛇年，肖蛇者正財收入尚稱穩定，偏財少有，並且財運浮沉反覆。少碰風險大的投資或是預先消費，就能安全過關。流年「劍鋒」星影響，社會上詐騙電話多，久未連絡的朋友遊說投資，都要小心入坑。盡量避免或是替他人擔保，又沒有法律依據，翻臉不認帳的事會發生，強求必定損失。今年要詳實記帳，切忌提前消費或是借貸消費，挖東牆補西牆的窘境機率會提高發生，千萬遵守。開源節流，節制消費慾念，才能順利過完一年。

愛情：

2025年肖蛇者逢本命年，今年適婚的肖蛇者，渴望有戀情發生，獲得愛情的滋潤，可惜事與願違，並非順利。尤其是職場及社會上人際關係的協調及發展，總是差強人意，必須小心維繫，盡量做好自己。儘管流年犯太歲，但是藉由辦喜事來「化喜沖災」是最好提振運勢的方式，包括：結婚，生子，搬遷等。已婚家庭女性，今年要多安排有意義的興趣愛好，多與志趣相同的姊妹互動，排解空虛寂寞，以免網路陌生人詐騙感情，劫色劫財事件還是偶可能發生的。

健康：

2025乙巳蛇年，肖蛇者今年健康運不算太好，偶有小病症，或是流行性的感冒，咳嗽，但至少吃藥護理，完整休息後都能很快的處理好。唯一要注意，流年「血刃」凶星肆虐，容易產生血關之災，今年特別小心交通安全，廚房刀具及文具剪刀等的使用，以防被利刃所傷。流年「病符」星肆虐，夏季飲食衛生，秋冬感冒病菌等滋生時，特別留意，小孩子去海邊游泳，一定要有大人陪同。建議年初去大廟安個太歲平安符，年初做個身體檢查，早發現毛病早治療，確保安心。

1965年乙巳蛇

1965年出生的肖蛇者，年命納音爲「大林火」，與2025乙巳蛇年的「覆燈火」，火火相旺，付出之年。適逢六十歲，事業穩健，更加茁壯，忙碌者更忙碌，參與投資新領域行業機會大。

在健康上要加強注重養生，作息的正常，適當的固定運動及放鬆旅遊。避免晚睡，熬夜，今年肝臟的保養尤其重要。年初安排全身健康檢查，有利於了解及掌控身體健康狀況。六十爲大壽，今年記得過生日，能夠趨吉避凶，吉祥長壽。

1977年丁巳蛇

1977年出生的肖蛇者，年命納音爲「沙中土」，與2025乙巳蛇年的「覆燈火」，八字火土相生，今年事業運尚可，工作壓力大，萬事稍顯不如意，還好有貴人來助，煩人的事都能化解，轉危爲安。多接觸新的知識，技術與訊息，有望打開更大的事業合作空間。健康狀況尚可，總的來說，甚至比去年要來的好，但是出門在外，尤其是年紀大者，開車要格外集中精神，不要邊打電話邊開車，交通安全尤其重要。此外，尚在公司擔任要職者，勿爲他人擔保，即使是認識很久的朋友或是親戚晚輩，也要避免。

1989年己巳蛇

1989年出生的肖蛇者，年命納音爲「大林木」，與2025乙巳蛇年的「覆燈火」，木火通明，木太強，今年運程衝擊大，可藉此改變創造新局，小事牛刀投入新的賽道，不要猶豫，想多了就錯過好機會了。老闆者，股東生意者，財運不俗，但是要小心同行競爭小人橫出，影響事業口碑。職場工作者，一定要耐著性子把事情處理完成，對公司負責，對自己負責。在財運方面，平安是福，正財還算穩定，但是股票投機或是短線投資，好處輪不到你，別空想做白日夢，千萬避免。

2001年辛巳蛇

2001年出生的肖蛇者，年命納音爲「白蠟金」，與2025乙巳蛇年的「覆燈火」，八字火金土相融，工作運不差，甚至有機會因某項才能而出名。今年特別想轉換跑道者，建議多了解市場狀況及需求，騎驢找馬不可，穩健爲原則。青春正盛的年紀，剛出社會不久，對於人際關係正在摸索，同事來來去去，朋友似乎很難走進心裡，今年更加的渴望愛情的發生，不希望上班，下班，吃飯老是一個人，所以要多參與公司或是社交性活動，才能突破現狀，否則一年到頭下來，恐怕又是孤單形影一人。

2013年癸巳蛇

2013年出生的肖蛇者，年命納音爲「常流水」，與2025乙巳蛇年的「覆燈火」，八字水火相涉，水火相戰，今年運程在穩定中有取許多考驗，在日常生活中有許多歷練，秉持信心，與時俱進，關關難過關關過。今年在許多課業上的學習充滿了好奇心，相對地領悟力以及求知慾也提高不少，和老師在課堂上的互動，能舉一反三，觸類旁通，因此，學業成績進步，各項活動表現優異，家長大可放心。唯一注意，對於肖豬者而言，蛇年屬於受傷較多的一年，出門交通安全，在校時的體育課程，勿強求體能去做自己做不到的事。

（二）豬（沖太歲）

吉星：國印，八座，驛馬 星

凶星：大耗，欄杆，歲破，披頭 星

事業：

2025乙巳蛇年，肖豬者太歲相衝之年，運勢變化大，運勢會相對受到影響，但不見得是壞事。事業上需要格外謹慎。「八座」星增強吉運，今年事業運不錯，在崗位資歷到達一定程度者，領導管理能力在表現特別出色，受到肯定，職務會獲得提升。流年「欄杆」星出現，職場人員今年會遇到許多考驗，工作耐性要加強，好事會多磨。關於工務單位人事競爭，不要用走後門的方式或是僥倖心態，必須沉著應戰，人比人氣死人，但是與自己較勁，卻是提升實力的好方法。「驛馬」星降臨，動者為財，建議肖豬者，多向外發展，會有意想不到的收穫。事業工作運較順之月：農曆一月，六月，八月。

財運：

2025乙巳蛇年，肖豬者財運一般，並沒有比去年好，也沒有顯著的提升，因此，必須做好理財配置，穩扎穩打，以策安全。流年「大耗」星衝擊，必須開源節流，各種存款投資配置等，更顯理財重要。千萬不要涉獵高風險的炒股或投機性事業，道聽塗說，外行人湊熱鬧，一不小心很容易因投資失利而破財。今年，特別在「錢」上面的事，容易胡思亂想，妄想好運，心神不寧，可惜～這個世界永遠沒有白吃的午餐，錢來的快，通常也去得急。還是就此打住，安心活在當下，才是最眞實的。

愛情：

2025乙巳蛇年，未婚肖豬者感情運一般，乏善可陳。現實生活中，總是感覺沒有機會，難與異性投緣，想要突破單身狀態，今年得靠好朋友及長輩的幫忙，試著藉由相親，認識條件篩選過的異性，才能夠有效率的完成第一階段的異性朋友交往，然後才能有接下去戀愛的可能。已婚夫妻，今年受到「欄杆」及「歲破」星打擾，感情波動較大，外來打擾者出現，甚至還節外生枝。建議，一定要把情緒管控好，成熟處理事情。互信互愛，互諒互解，能少說則少說，避免與另一半口舌爭論，家和萬事興。

健康：

2025乙巳蛇年，肖豬者今年健康運欠佳，沖太歲相對比較不利健康，流年「大耗」星影響，許多舊疾恐怕惡化，要仔細用心維護。正常的生活作息，三餐定時定量，適當的運動，才能穩健安心過好這一年。建議年初安排一次全身健康檢查，尤其是年長者。以前遭受舊疾困擾的人，今年也勢必得挪出時間，按時回診治療，慢慢調理。肖豬者，無論男女老少，今年特別喜愛以旅遊來放鬆心情，別忘了出遠門時，投保安全險，多一分保障，多一份平安。年長肖豬者，今年健康格外注意，流年「披頭」星騷擾，不建議大動作的裝修家宅或是搬遷，多少影響人的精神，情緒，及安全考量。

1959年己亥豬

1959年出生的肖豬者，年命納音爲「平地木」，與2025乙巳蛇年的「覆燈火」，八字木火通明，木太重。今年運程不算平靜，事業上，諸多考驗，必須跟著世界的步伐前進，了解大勢所趨，勿墨守成規，滿意現狀。改變雖然是痛苦的，也是重生，新生的開始，要有更大的收穫，必須開放包容。健康方面，特別留意肝，肺，腎等的疾病，應該完全戒菸戒酒了，健康是自己的，真發生甚麼事了，親人也救不了。此外，年紀大了，膝蓋，腳踝，骨頭的問題，更要加強保養，嚴肅對待，平時護膝，保養品不可少。

1971年辛亥豬

1971年出生的肖豬者，年命納音為「釵釧金」，與2025乙巳蛇年的「覆燈火」，雖然八字火金相融，但是「乙辛」沖，「巳亥」沖影響，今年的運勢動盪非常大，要有強大的心臟狀態，來迎接變化及考驗。首先在情緒上的變化會較多，影響工作，感情，生活或健康，要調整好正面積極的情緒，沉著處事，人際關係尤其考驗，今年小心口舌之爭及官非，做好自己，少參與八卦謠言就沒事，不要自己去參或下下。今年利用假日，出門旅遊放鬆心情最好。「金木相剋」之年，注意手，腳，膝蓋，關節方面，比較容易受傷或毛病叢生，多注意維護。

1983年癸亥豬

1983年出生的肖豬者，年命納音爲「大海水」，與2025乙巳蛇年的「覆燈火」，八字水火未濟，水火相剋，今年的運勢穩定中成長，越挫越勇，事業上有新的發展，正財，偏財運都提升，各種機緣與合作契機出現，可多留意考慮，了解市場現狀。流年「驛馬」星的加持，能有較多海外發展的機會，在不景氣的離運年代，必須多跨界，跨業，整合資源合作。建議謹愼思考，大膽行動，才有創富的機會。投資理財方面，還是要長線思考，穩健爲佳。注意藥品的使用，包括保健品，多喝水，多休息，身體健康沒問題。

1995年乙亥豬

1995年出生的肖豬者，年命納音爲「山頭火」，與2025乙巳蛇年的「覆燈火」，八字火火重旺，凡事順利。今年恰巧是三十而立之年，事業或工作上都有向上趨好的現象，値得高興，能突破者必有收穫。流年受到「沖太歲」影響，建議必須打破舊有思想，接受新的觀念與市場目前的趨勢狀態，勤做功課，了解戰鬥目標，會有不一樣的新生與美好未來，老闆事業者，也會有長遠的發展。健康運不俗，剛結婚不久的家庭，今年懷孕添丁，能招來美好的轉運及喜事連連，多多把握，計畫生子。

2007年丁亥豬

2007年出生的肖豬者，年命納音為「屋上土」，與2025乙巳蛇年的「覆燈火」，八字火土相生，土太重。今年整體不差，但部分受到阻滯，在學習上顯得意興闌珊，無心向學，貪玩，使不上力，精神懶散。甚至與朋友嘗試許多新奇的休閒娛樂，影響考試以及後續的升學成績，特別要留意關心。成長，是需要付出代價的，不經一事，不長一智。與父母的溝通，在今年顯得更加重要，「期待有人能走進你的內心，而非一味地要求。說者無意，聽者有意」，情緒控制好，換位思考，才能有同理心，才不致吵架不休。

（三）虎（害太歲）（刑太歲）

吉星：福星，八座，天德，地解 星

凶星：捲舌，絞煞，劫煞，六害 星

❀ 事業：

2025乙巳蛇年，肖虎者受到流年「害太歲」，「刑太歲」雙重影響，運勢非常不穩定，事業工作上，今年突如其來的事，經常考驗著你，加上「捲舌」星來騷擾，職場人際關係，老是會有擦槍走火的不爽抱怨情況發生，必須留意忍耐，以免出言不遜，傷人的同時也將自己的形象擾壞，沒有好處。幸虧，還好有「福星」加持，老闆者，事業上有貴人幫忙，在適當的時候，給予最有力的建議及資助。「地解」星代表棄舊立新，海外機緣產生的時候，不要排斥，可能是事業大展鴻圖之時。事業工作運較順之月：農曆四月，七月，十一月。

財運：

2025乙巳蛇年，肖虎者今年財運突然爆好，財運亨通，投資獲利。完全不受流年「害太歲」，「刑太歲」打擊，正財運穩定上升，偏財運上漲，還有橫財運突然到來，簡直令人羨慕，應該要好好規劃理財，投資配置，並且也要把錢花在刀口上，切忌盲亂消費。不過，急財到來的時候，同時也是考驗，「劫煞」凶星，威脅不小，傷害也大，財不露白，出行更不要顯擺，臉上告訴人家：大爺（大姊）我錢多，自古一句：財多惹盜，親戚借錢。千萬注意自己的行爲，謹慎低調，多做公益轉換福報，才是最好的方式。

愛情：

單身肖虎者，今年的愛情運提升不少，職場人氣大旺，人緣很好，口才加分，成爲社交活動上的紅人，大受歡迎。無論男女，都能在適當的場合中遇到心儀的異性，展開戀情的發生。不過受到流年「捲舌」星破壞，容易情緒波動，翻臉比翻書快，口不擇言，影響感情交往爭吵，鬥嘴是經常的事，吵架，誤會叢生，讓你忙不勝忙。要學會盡量對事不對人，以解決事情爲主。對外感情要收斂，對內感情要珍惜，而非胡亂發脾氣，小心呵護爲重。短戀或是閃戀的情況還是會發生，別太衝動。

健康：

受「刑太歲」及「害太歲」影響之年，肖虎者今年身體狀況不算平靜，健康運稍弱。年紀大者要注意三高（心臟病，高血壓，糖尿病）的問題，以及骨質疏鬆，關節疼痛的老化狀況，醫院掛診，看病少不了。必須遵照醫師的建議及用藥，保護好自己的身體健康狀況。此外，受「刑太歲」影響，腳踝扭傷，跌傷，膝蓋，骨頭上的問題，凡事先有危機意識，加強保健，才能大事化小，逢凶化吉的。女性朋友，今年建議多往郊外走動，抒發心情，增加開心的多巴胺因子，會越來越開心快活。

1962年壬寅虎

1962年出生的肖虎者，年命納音爲「金箔金」，與2025乙巳蛇年的「覆燈火」，八字火金相融，相得益彰。今年運勢旺盛，事業成就再上一層樓，財源廣進。不過要注意錢多時想法也多，功課做不足，投資理財最最終不了了之，肉包子打狗，有去無回。身體健康也是要留心，忙碌的生活加上年紀漸老的身體，保健，養生，各種維他命的輔助品，早睡早起等的生活好習慣，勢必要繼續堅持，勿以爲自己還年輕，和晚輩的生活作息較勁兒，女性注意婦科，腎臟及代謝不良，發胖問題。

1974年甲寅虎

1974年出生的肖虎者，年命納音爲「大溪水」，與2025乙巳蛇年的「覆燈火」，八字水火相剋，水火相涉，今年運程向上，在職者，獲得老闆的重用，發揮實力的一年，有機會被拔擢。老闆者，今年事業發展順利，並且獲得貴人扶持，業務推動擴大範圍，業績亮麗，收穫滿載。不過受到流年「刑太歲」及「害太歲」影響，今年在各方面皆感到壓力不小，社交頻繁，以致於在身體健康，情緒平衡上的處理及照護，要格外用心。注意家中今年長輩的身體健康狀況，老毛病有恐惡化，隨時注意。

1986年丙寅虎

1986年出生的肖虎者，年命納音為「爐中火」，與2025乙巳蛇年的「覆燈火」，八字火火相旺，相得益彰。今年對你而言，事業變動比較大，抓住機會，努力衝刺，是大展鴻圖的一年。善用網路來創造商機，可以獲得更多流量的注意，以名得利，趨勢賺錢。在職者，已屆四十年齡，今年的貴人出力，適時幫助，各種工作上美好的機遇產生，如果能夠好好把握，先不求回報與獲利，大禮物反而會降臨，超出你的期待。財運以正財為主，投資謹慎，三思而後行，切忌短線炒作，以小博大，以免破財。

1998年戊寅虎

1998年出生的肖虎者，年命納音爲「城頭土」，與2025乙巳蛇年的「覆燈火」，八字火土相旺，助力運勢。虛歲二十八，今年開始比較進入社會狀況，雖然工作上壓力相對大，但是發展機會也多，能勇敢面對挑戰與考驗，勇於突破，用心與耐心具備，做中學的觀念，就能得心應手，順利完成。唯有今年的感情較爲困擾，並非順利，已交往者，容易有誤會或是風波產生，情感生變，要小心維護。熱愛運動的人，今年注意筋骨扭傷或是輕微流血外傷的產生。

2010年庚寅虎

2010年出生的肖虎者，年命納音爲「松柏木」，與2025乙巳蛇年的「覆燈火」，八字木火通明，木太重。今年學習能力提升，才華洋溢，學業成績比往年進步，做父母的可鬆下一口氣，較爲放心。甚至，利用適當機會，趁勢追擊給予鼓勵，創造念書的環境與居家氣氛，使其更加專心向學，加強興趣，學業進步，必能名列前茅。由於整體運程開闊了，今年與人的互動也多，注意說話，溝通，學習聆聽不同意見，適當表達自己的想法，可以交到人生益友，打破你的固有思維，提升進步。健康運尚可，千萬節制暴飲暴食，垃圾油炸食物。

（四）猴（破太歲）（刑太歲）

吉星：天乙，太陰，歲合星

凶星：貫索，勾神，孤辰星

✿事業：

2025乙巳蛇年，肖猴者雖有吉星福蔭，但是「破太歲」以及「刑太歲」

雙重影響，運勢起伏頗大，吉凶參半，較爲艱辛。今年事業發展，上半年受到阻滯，下半年漸漸開展，信心也增強，先苦後甜，可力挽狂瀾，後來居上。今年處事待人秉持以和爲貴爲原則，流年「貫索」星容易產生口舌是非，不要抱怨連連，少說話，多做事，自然能省去很多八卦謠言惹事上身的煩惱。或許在你努力的過程當中，又出現了志同道合的朋友，甚至是異性貴人，開啓合作，創新創想，突破市場，殺出一條新路，獨一無二的賺錢模式。事業工作運較順之月：農曆三月，四月，十一月。

財運：

肖猴者今年財運突出，正財收入源源不絕，偏財表現也很亮麗，時不時會有意外的錢財收入，當然，可能是業務帶來的正財，也可能是理財投資得當的報酬。由於流年凶星不少，千萬注意勿幫人作保，無論這人認識多少年，都要盡量小心避免。流年「太陰」星，代表女性貴人，今年會有新的第

二事業開啓，或是有機會與女性合作相關行業帶來的可觀財富，業績暴漲。

總而言之，蛇年的財運儘管光明「錢」途，但是各種不確定因素充斥著，世界經濟景氣的混亂，還是要居安思危，做長線計畫的布局，加強投資理財的管道，深思熟慮，小心爲上。

愛情：

2025乙巳蛇年，肖猴者桃花運暢旺的一年，充滿各種機會，如魚得水，也充滿各種危險的情況，心情混亂。單身者男性今年人氣大旺，桃花滿天飛，愛情運甜蜜，若能把握機會，遇上對的那個人，很可能年底就能走入婚姻的殿堂，家庭幸福，懷孕添丁，滿堂福氣。切勿因桃花旺運而腳踏兩條船，貪心多得，玩弄愛情，傷人傷己。對於已婚男士而言，今年在工作中，很可能會遇上心儀的異性，有可能也是已婚人士，尺度的拿捏，關係的深淺，切忌妥善處理，冷靜克制，以免影響原有家庭的和諧幸福。

健康：

肖猴者今年受「破太歲」以及「刑太歲」雙重影響，情緒容易緊張，已婚女性碰上另一半工作經常加班工作，容易胡思亂想，心情起伏很大，需要排除不安的情緒，建議多泡澡，精油按摩放鬆，對自己好一點，較有自信的同時，也能愛屋及烏，關心另一半。健康運一般，不算好，注意季節交替之間，比較容易患感冒，咳嗽，喉嚨發炎，皮膚過敏等毛病。女性腰部，婦科的健康要維護保養，年輕人注意運動時的安全，腳踝，手肘都是重點。

1956年丙申猴

1956年出生的肖猴者，年命納音爲「山下火」，與2025乙巳蛇年的「覆燈火」，八字火火相旺，火氣太重。人生七十歲之際，身體健康首重，其餘都不算是事兒。兒孫自有兒孫福，勿因晚輩或是老同事一兩句話揪心，引起情緒低落或是二三天心情不佳，健康受損，實在沒必要。多與談得來的朋友一起散步，喝茶，郊外踏青，文化娛樂性休閒活動的參與，開開心心最舒服。癌症和情緒是有關係的，成年人由於反復受到嚴重刺激，失望，感情壓抑等結果，6~18個月後發展成癌症。不要自找苦吃，無病才能一身輕。

1968年戊申猴

1968年出生的肖猴者，年命納音為「大驛土」，與2025乙巳蛇年的「覆燈火」，八字火土相生，土太重。今年在事業上的衝擊與考驗時時存在，面對景氣低迷複雜的狀況，或許有新的動作，也計畫改變調整，因應對策，籌謀計劃，不想因此市場被淘汰。財運以正財為主，開源節流，廣開財路顯得更加重要。今年擔心的事太多，心情容易緊張，必須拋開工作狂的心態，適當回歸生活與家庭，成就感並非一定為事業不可，能畫出一幅油畫，寫一手好書法，料理一桌子的好菜，都是另一種收穫與成就。

1980年庚申猴

1980年出生的肖猴者，年命納音為「石榴木」，與2025乙巳蛇年的「覆燈火」，八字木火通明，而「庚申」與流年「乙」合木，代表今年運勢衝擊，若不是向前衝，就是停滯不動。職場人員，今年將面對不少人事紛爭，職場工作心情受到相對的影響，容易心不在焉，做事拖泥帶水，效率不佳。反之，若能有心理準備面對挑戰，把吃苦當吃補，一步一腳印的完成，那麼即可扭轉頹勢，轉弱為強，成為最後的贏家。健康運欠佳的一年，出門旅遊要小心安全。維持正常的生活作息，每周一次的運動習慣，必須堅持下去。

1992年壬申猴

1992年出生的肖猴者，年命納音為「劍鋒金」，與2025乙巳蛇年的「覆燈火」，八字火金相剋，恰恰剛巧。今年運程向上發展，事業能突破現有狀況，加上貴人幫忙，表現突出，攀上高峰，甩開市場現狀，展現亮麗成績一枝獨秀。雖然事業運不錯，但是財運為保守的正財，沒有過多的偏財，投資方面，建議以三到五年的理財，保險，基金爲主，忌諱高風險的投資及投機事業。當然選擇不錯的房地產更是聰明之舉。今年學習運不俗，可以爲崗位工作準備升等考試，或是回學校再進修。

2004年甲申猴

2004年出生的肖猴者，年命納音爲「井泉水」，與2025乙巳蛇年的「覆燈火」，八字火水未濟，火水相涉，今年運程不算穩定，試著多接觸國際友人，或是同學，海外發展的機會到是挺多。影響較大的是人際關係，包括剛出社會者的同事關係，以及個人感情的互動關係。也會因爲朋友國籍而影響。單身者，今年感情運甜蜜，如魚得水，有機會遇到不錯的對象，交往順利。與家中長輩溝通困難，也是今年一大考驗問題，互信互諒，才不會口出狂言，要多站在父母立場著想，減少一些紛爭。今年適合多往郊外走動，公園散步，郊外踏青，登山健走，對於抒發情緒，身心靈健康都有幫助。

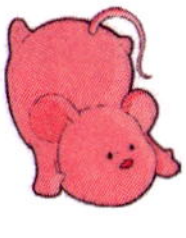

（五）鼠

吉星：紫薇，龍德，玉堂，地解 星

凶星：暴敗，天厄，歲煞 星

事業：

2025乙巳蛇年，肖鼠者今年事業擁有「紫薇」以及「龍德」星的加持，簡直是人生大轉運，在已有的基礎上，能創新聯盟，跨界合作，一定要把握這難得機會。今年借助貴人的人脈資源及因事業擴大的人脈網絡，在事業上能有新的契機，打開心門，接受新知，社交活動及應酬也會變得多，有效的社交，實際的合作生意，從事業務銷售的人，拋開以往的觀念，接受網絡AI時代的變革，採取適當的改變及運用，業績定能翻升。今年大利學習，多多把握晉升考試的機會。事業工作運較順之月：農曆一月，三月，七月，十月，十二月。

財運：

2025乙巳蛇年，肖鼠者財運當旺，財星拱照，貴人相助，令人羨慕。整體財運相對穩定，錢財的積累會明顯的增加。商業老闆受到流年「玉堂」財星光臨，加上強大的「龍德」星幫忙，新的一年人際關係再上高層一樓，借力使力，錦上添花，能助自己一臂之力，讓您業務忙碌，大展鴻圖，收入來源滿載而歸。上班族，今年也能被老闆，主管拔擢重用，表現良好者，授權加薪，升官發財不可少。只不過今年投資要小心，「暴敗」星的存在，偏財橫財皆有，但時好時壞，稍不注意，橫發橫破的窘境，仍會發生。

愛情：

2025乙巳蛇年，肖鼠者今年雖不屬於桃花興旺之年，但是「紫薇」吉星進駐，讓你人氣高漲，魅力信心大增，能夠在衆多的公開場合活動中，遇到心儀的對象，展開順利的戀情，感情生活也變得多姿多彩。更可以透過長輩的安排引薦，認識符合條件的異性，相親不是壞事，可以節省很多無意義尋覓的時間，展開深入交往，推進姻緣成熟。已有對象者，建議在年底安排結婚大事。剛新婚者，可以安排家中添丁的計畫，有助於對後年運程的提升，帶來莫大的幫助。至於，老夫老妻的家庭，珍惜感情的經營，少惹牆外桃花，一時的開心，並非永遠的幸福。處理不好，都是情財兩傷，身心靈受創。

健康：

2025乙巳蛇年，肖鼠者健康運尚可，只要平時維持好正常的生活作息，適當的運動，不暴飲暴食或挑食，基本上就是季節小感冒要注意。成年人外出旅遊要多養護好身體健康，受到流年「暴敗」星的影響，戶外環境容易有小的驚嚇及意外發生，出門前檢查好行李及需要帶的物品，以免嚇壞同行者，緊張兮兮，虛驚一場。建議年初先到廟裡安個開光的平安符掛在車上，祈求大事化小，逢凶化吉。年紀大者，注意高血壓，糖尿病或是膽固醇過高的文明病，遵守醫師的交代，按時服用保健藥品，才能平安大吉。

1960年庚子鼠

1960年出生的肖鼠者，年命納音爲「壁上土」，與2025乙巳蛇年的「覆燈火」，八字火來生土，但是「乙庚」化合金，雖然年屆虛齡六十六歲，但身體狀況比去年來的穩定，生活飲食正常，保持平常心，不要去管太多晚輩的事，少煩心，多開心，天天好心情。既有的老毛病，記得繼續更加用心照顧，有病及時醫治，健康比甚麼都重要。今年的財運一般，每月領著退休金，或是穩當長期的理財投資，也能自給自足，不向晚輩伸手要錢。出門旅遊消費有餘，毋須綁手綁腳的難過，玩得開心盡興，讓你高枕無憂。

1972年壬子鼠

1972年出生的肖鼠者，年命納音爲「桑拓木」，與2025乙巳蛇年的「覆燈火」，流年八字木火通明，木氣太重。今年的運程充滿挑戰與契機，整體事業運相對順利，獲得貴人的幫忙，「紫薇」星大力加持，不妨把握機會，整合各方勢力及人脈資源，借力使力，開創新局，海外合作機會不少，跨出事業的另一範疇合作機會，將事業在推上高峰。不過，要小心人紅是非多，低調做人，高調做事，給別人面子，就是給自己面子。無形之中可減少許多口舌是非，謠言紛爭，事業更能一帆風順。理財首重中長線，穩定為宜。應酬費用要控制，錢要花在刀口上。

1984年甲子鼠

1984年出生的肖鼠者，年命納音為「海中金」，與2025乙巳蛇年的「覆燈火」，八字火金相融，相得益彰。今年運程在工作上的表現，較以往更加努力，文藝企劃工作者，靈感湧現，創意點子多，成績斐然，相對在財運的收入也可觀。受到「暴敗」星影響，今年財來財去的狀況嚴重，親人借財機率高，建議盡力而為，能閃則閃。謹慎作帳，開源節流，並且選擇低風險金融商品來投資理財，或是保險等金融配置較爲妥當。健康方面，意外的小擦傷或是小的受傷風險機率提高，格外留意各種環境及外出安全。

1996年丙子鼠

1996年出生的肖鼠者，年命納音爲「澗下水」，與2025乙巳蛇年的「覆燈火」，八字水火未濟，水火相涉。今年運程比起去年而言，整體相對往好的方向行動。年輕創業者，不僅在工作上能獲得貴人指導帶領，給予機會磨練。在人際拓展方面，也能得到好的口碑，轉換成事業上的助力。上班族的能耐，被長官，領導認可，得到拔擢重用，信心增強，收穫滿滿。今年非常適合利用時間進修或是參加升等考試，會獲得好成績。感情平淡無奇，心態隨緣的一年，可多參加喜慶場合，帶來旺氣及愛情之神邱比特的眷顧。

2008年戊子鼠

2008年出生的肖鼠者，年命納音爲「霹靂火」，與2025乙巳蛇年的「覆燈火」，流年八字火火相旺，火氣太重。十八歲面臨接下來的人生大事，就是大學學測。今年頭腦變得清晰，自信心充滿，人生階段性的目標更加明確，在課堂上能學習專心，面對壓力也懂得自我調解，父母無須操心，或是再三叮嚀，作業的執行及分析完善，心態進入正軌而行，值得開心，未來可期。健康方面，注意運動時的扭傷，跌傷，筋骨痠痛的問題發生。划手機的時間要嚴加控制，否則手指關節的疼痛，也是會出現的。

（六）牛

吉星：華蓋 星

凶星：羊刃，白虎，飛廉，天哭，黃幡 星

事業：

2025乙巳蛇年，肖牛者得到「華蓋」星的加持光芒，從事文化創意，藝文創作者能有新的突破，屬於才華洋溢，才藝出名的一年。默默耕耘，一步一腳印，踏實做事，一直是肖牛者的性格，新一年的人際關係不算完滿，「華蓋」星雖來幫忙，卻也讓你更我行我素，孤芳自賞，專注個人事業的發展，不想參與過多無效的社交及應酬，影響對外形象。職場人員，努力工作的同時，今年仍有升遷機會。不過，男性要留意與女性主管的互動，以和爲貴，平時關係就冷淡，或是各懷鬼胎，恐怕升遷職務人選時，犠牲的就是你。事業工作運較順之月：農曆三月，四月，七月，十一月。

財運：

2025乙巳蛇年，肖牛者今年財運還算理想，雖沒有偏財，但是業績能突破。無論是才藝出眾型，或是專業技術領先型，名利雙收的機會很大，都能夠憑藉自己的才華，在行業內出頭，並激發生意頭腦的創新想法來提高知名度，增加收入。只不過今年收入以正財爲主，有做才有，沒做沒有，更沒有天上掉下來的大餅，也做不了單純投資，不管事的甩手掌櫃。理財方面，保守，穩定的中長線爲佳，不宜做重大投資，馬路消息投資管道絕對禁止，盲目跟風，愼防輕信損友，墜入金錢圈套，以免血本無歸。

愛情：

2025乙巳蛇年，吉星「華蓋」的帶領之下，讓肖牛者今年因才藝出名而受到重視，職場，社會人際關係上且不錯。但是私底下，反而越來越孤芳自賞，享受孤獨時光，寧願是一個人的靜態休閒娛樂，看書，養寵物，喝茶，畫畫 等。感情狀態是等待，被動，甚至是原地踏步。單身者，今年要談一場有質量的戀愛，還需要有好閨蜜，好兄弟，好婆婆媽媽長輩們的幫忙牽線。流年「白虎」星影響，單身男性，小心碰到野蠻女友，好奇心所致，是福是禍，全憑個人福報。已婚者心情容易悶悶不樂，只和對的人說話，或是不想和老伴說話，感覺對方很難理解自己。如果眞的不開心，今年可多前往廟

宇，教堂，尋求心靈安慰。

健康：

肖牛者，今年碰上「羊刃」星，代表意義是一種很強硬的氣力，首先，會有輕微的血光之災的機率升高。第二，今年特別要留神使用刀具，利刃，包括開車，專心做一件事，千萬不要邊講電話邊做事。此外，今年要格外注意家中長輩的健康，多多關注他們的日常作息，一有變化千萬別拖，以免小事變成大事。情緒的不安，急躁，莫名其妙的不開心，在今年顯現出的情況更加明顯，建議利用空檔，或是每周安排舒展身心的活動，瑜珈，按摩，精油泡澡，打高爾夫球，三天二夜的旅遊，看看大自然，放鬆精神，才能讓你身心靈得到平衡。

1961年辛丑牛

1961年出生的肖牛者，年命納音爲「壁上土」，與2025乙巳蛇年的「覆燈火」，八字火土相生，事業平凡，穩定爲佳。以技術，才藝爲工作者，今年會有突破成績，連帶增加錢財收入，非常值得高興。家庭方面的問題，今年是一大重點，爲了孩子的各種生活，工作問題，容易與家人意見分歧，爭吵不休，建議多多站在另一半的立場去處理事，達到雙方滿意。兒孫自有兒孫福，隨緣看待，自己的情緒穩定，生活作息正常，才不會影響健康，否則，高血壓，糖尿病等的狀況，也會因此而不穩，頻頻警訊，醫院跑不停。

1973年癸丑牛

1973年出生的肖牛者，年命納音爲「桑拓木」，與2025乙巳蛇年的「覆燈火」，八字木火通明，今年事業上有進步，漸漸向上，手頭上的業務推廣亦有所推進，擴大生意範圍。收入以正財爲主，要有儲蓄觀念，重大貸款須小心，三思而後行。今年切忌事業上有大動作，一點點的改變，緩慢前行，穩中求貴才是王道。流年「白虎」，「飛廉」凶星，對工作及生活影響

頗大，今年的人際關係，或是與家人的關係，盡量謙虛，力求和諧。出門開車，走路，注意交通安全。

1985年乙丑牛

1985年出生的肖牛者，年命納音爲「海中金」，與2025乙巳蛇年的「覆燈火」，八字火金雖相融，但是地支「巳」與「丑」會合，難免有變動。今年運程對於工作影響不小，會受到衝擊，以致阻滯，或是乾脆不想動的狀況，大環境市場的低迷以及國際情勢讓你頭疼，建議還是小心謹慎，保守維穩，看清形式，再做決定。男性注意，今年業務工作上的桃花感情，小心處理。女性今年容易情緒敏感，多愁善感，變得愛哭，感情上容易悶悶不樂，鑽牛角尖，要學習包容，懂得排解。健康方面，由於流年凶星騷擾，留意運動時或是女性穿著高跟鞋時的安全，扭傷，跌傷意外，容易發生。寧願多穿球鞋，平底鞋，減少傷害機率。

1997年丁丑牛

1997年出生的肖牛者，年命納音爲「澗下水」，與2025乙巳蛇年的「覆燈火」，八字火水未濟，水火相涉，今年運程起伏較大，但工作上有前輩貴人指導，思維想法開了竅，做起事來穩當，不拖泥帶水。人脈圈也能擴大不少，聰明的你要借力使力，善用資源，多培養自己的專業技術，爲將來的事業鋪路。財運一般，建議多儲蓄，爲婚房準備頭期備用款。蛇年愛情運上漲，異性緣不俗，青春燦爛之際，今年容易與異性擦出愛的火花，戀愛機會頗高，注意防範未婚生子的事發生，年輕人做好保護措施。

2009年己丑牛

2009年出生的肖牛者，年命納音爲「霹靂火」，與2025乙巳蛇年的「覆燈火」，八字火火重生，火氣太重。今年頭腦變得清晰，上課專心程度提高，課堂上主動學習及複習，學業成績突飛猛進，做父母的總算能放下一顆心。然而，流年「黃幡」星影響，今年感覺壓力倍增，情緒緊張，生活作息也會受到影響，建議與父母或老師多聊聊，聽聽不同經歷的人生活心得，若是很煩惱時，吃點巧克力，喝杯珍珠奶茶或拿鐵咖啡，開心當下的同時，不僅能排除憂慮，也能與同學聊聊心事，擺拍一下，平衡心情，繼續努力。

（七）兔

吉星：祿勳，將星，三台，地解星

凶星：天狗，吊客，災煞星

事業：

2025乙巳蛇年，肖兔者今年轉運，事業發展順心，因為有「祿勳」星大力加持，「祿勳」星代表對事業有幫助，亦有領導才能，會有加乘的進步。不過，老闆者得更用心在事業，即使公司有專業經理人帶領，也不能偷懶開會，管帳，視察，得親力親爲。

職場人員，建議把吃苦當吃補，工作上事情一波三折，會做得辛苦些。主動爭取表現，勤奮努力，表現優良，確實能升職加薪。雖然今年壓力不小，還好「地解」星來幫忙，能逢凶化吉、雲開月朗，終於萬事吉昌。今年特別適合安排在職進修或是升等考試。事業工作運較順之月：農曆三月，六月，九月，十月。

財運：

肖兔者今年的財運，雖沒有財星進駐，但還好有「祿勳」星坐鎮，正財也算豐厚，生活飲食不缺。偏財與橫財，乏善可陳，不要多想，謹慎理財爲重。對於上班族而言，吉星護佑是一大福祉，工作較爲順利，踏實進步，實力表現獲得老闆認可，可望有期待中的薪資調整。對於業務人員來說，銷售工作會比去年得心應手，業績提升而獲得豐厚獎金。流年「天狗」及「吊客」凶星光臨，代表事情往往發展會節外生枝，防不勝防，要提高警覺。千萬別道聽塗說，鄰居或同事聊天理財的內容信以為真，以為容易獲利而草率投資，跟風追逐，貪心妄想，終究會造成損失。

愛情：

2025乙巳蛇年，肖兔者感情運一般，感情生活不盡人意，戀愛關係來來去去。由於流年的凶星太多，多多少少影響心情，總喜歡一個人獨行，孤芳自賞的結果，想要能有順利的戀情確實不容易。此外，今年社會關係停頓，人際關係冷淡，職場工作人員的同事關係，盡量以和為貴，切勿因一句話翻臉不認人，行走社會靠的就是人脈，逞一時口舌之快，將來還是會後悔的。愛情也需要韜光養晦，自我修行，才能互相給對方加分。已婚人士，多多關心另一半，多一點諒解，多一些互動，或是計畫添丁生子，造福家族，轉運吉祥，更能增加愛情的壽命。

✿健康：

2025乙巳蛇年，肖兔年輕者，健康狀況尚可，但是流年凶星「天狗」及「災煞」星迫害，各種刀險，流血事件發生機率高，注意刀傷 或是破皮的意外傷害發生。年紀大者，有舊疾毛病就必需立即醫治，不要拖延，以免惡化。維持良好的生活作息及運動習慣，非常重要。排解情緒，慎防積勞成疾，今年有利於外出，旅遊散心，看山，看海，看世界。建議年初到大廟上香，祈福平安一整年。身體健康，調養身心，舒活過日，是老天爺今年給的生命課題。

1963年癸卯兔

1963年出生的肖兔者，年命納音爲「金箔金」，與2025乙巳蛇年的「覆燈火」，八字火金相融，相剋。今年事業成就起伏較大，穩健智慧的處事經驗，應該讓你可安全度過一整年。

金錢方面，切忌借貸給親戚或是擔任晚輩的要保人。注意心臟和肝臟的保養，尤其是過了六十歲以上的人，格外要注意，平時少管閒事，少去聊政治的事，萬一遇到不同理念的人，容易吵架爭論不休，引起慢性命的危機，沒有一點好處，絕對要避免。

1975年乙卯兔

1975年出生的肖兔者，年命納音爲「大溪水」，與2025乙巳蛇年的「覆燈火」，八字火水未濟，水火相涉。今年的運勢挑戰變化不少，了解市場，世界變化，緊跟著訊息腳步關心，做出相應的對策計畫。「祿動」星代表古時的朝廷俸祿，對於從商者老闆而言，收入仍是有限的，並非超級大財。建議還是要謹慎規劃財務，開源節流，務實爲上。健康運稍弱，提防腳踝，關節部位，容易有扭傷狀況出現。年初可安排全身健康檢查，多提前布局，給予身體更多的醫療資源保障。

1987年丁卯兔

1987年出生的肖兔者，年命納音爲「爐中火」，與2025乙巳蛇年的「覆燈火」，流年八字火火相旺，相得益彰。加上年紀虛歲三十九，事業上好的機遇頗多，工作繁忙，勞碌奔波，挑戰也大。轉換心態，從中學習，不妨多請益行業長輩，聆聽不同意見，戰戰兢兢的努力，會有豐碩的收穫。在職人員，今年驛馬星動，職位提升或是調動，有利於薪資提升，也有貴人出現給予寶貴意見，對於日後職務再晉升，有絕大的幫助。今年財運表面風光，實際暗地裡漏財，開源節流不可少。切勿草率跟風投資，以免血本無歸。

1999年己卯兔

1999年出生的肖兔者，年命納音爲「城頭土」，與2025乙巳蛇年的「覆燈火」，八字火土相生，土太重。今年整體運勢受到阻滯，應該更加了解清楚當下趨勢，國際狀況，與時俱進，規劃好自己的人生目標計畫，短程，中程，積極心態，而非躺平。儘管剛出社會壓力不小，但是，誰又不是在壓力下成長呢。好好靜下心，今年適合精進，充實專業知識，學習第二外國語，增加自我價值。感情運相對平穩，不好不壞。按下暫停鍵並非壞事，調整心態，學會自律，掌控時間安排，才是現階段重要的功課。

2011年辛卯兔

2011年出生的肖兔者，年命納音爲「松柏木」，與2025乙巳蛇年的「覆燈火」，雖然流年八字木火通明，但是「辛」與地支「巳」相融，代表新的歷練，整體運勢上升，今年學習運不俗，頭腦清晰，開始認眞唸書，學業成績亦有進步。血氣方剛的年紀，我思故我在，今年的外在表現較爲明顯剛強，情緒起伏較大，脾氣急躁，總是覺得他人不理解自己，與同學，與家人的溝通，經常出現話不投機半句多的情形，需要多培養耐性，多站在對方的立場，不是搶先發話，不明事理。

（八）龍

吉星：天喜，天德，陌越星

凶星：病符，寡宿，捲舌星

事業：

2025乙巳蛇年，肖龍者運勢重新登上高峰，事業向上。流年「陌越」星，是指地位，工作，有新的提升和突破，爲旺事業運之神。事業老闆者，今年必須親力親爲，引領團隊，才可望突破現有成績。任職政府部門或是大型企業者，今年備受賞識，貴人提拔，有機會升官發財，再上高位。上班族，加強團隊意識，群社群力，今要多與同事互動，能減少工作上的壓力。可惜吉星的力量有限，催發助力並非很足，加上轉角年煞的衝擊，在做任何決定前，要多審慎了解大環境變化及趨勢。

健康方面，精神壓力沉重，毋須太過著急，穩著一點，腳步慢一點，能減少許沒有算到多的損失。事業工作運較順之月：農曆正月，四月，八月，十月。

財運：

2025乙巳蛇年，肖龍者雖然事業起飛，算是一個進財年，但總是財進財出，人際關係影響「錢」的事，必須謹慎。事業財運並沒有同步水漲船高，只能說是正財收入穩定，入袋爲安有限。偏財起伏較大，不必過多期望。年輕人切忌過度依賴信用卡，提早借貸及消費，除了高利息之外，萬一信用不佳，容易出現財務緊張，挖東牆補西牆的糟糕情況，個人經濟及信用危機。流年「捲舌」星波及，小心禍從口出，心性太急，嘴巴太大，影響錢財的穩定，被親友借錢，被迫而劫財，被愛面子而損財的事都會發生，低調做人，說話小心，便可自得安樂。

愛情：

肖龍者在蛇年喜事臨門，愛情運旺盛的一年。今年單身男女會有較多閃戀，閃婚的情況發生，能否成功順利進行下去，取決在於個人，找到適合自己的最重要。新婚家庭，建議今年計畫生子，或是搬遷新房，能好上加好，旺上加旺。已婚家庭要注意，尤其婚齡超過七年以上者，今年的愛情受到流年「煞星」來騷擾，感情尤其考驗雙方的互動及理解，已婚男性容易因工作而衝動外遇機率高，女性容易陷入自我情趣低潮，莫名其妙不開心，或是網路上認識異性，頭腦昏濁導致被騙錢，影響原有家庭的完整幸福，一失足成千古恨，千萬警惕。

健康：

2025乙巳蛇年，肖龍者受到「病符」星影響，今年健康運較弱，年輕人注意各種季節交換的感冒，咳嗽影響，小病頻繁。特別留意：肝，肺部的問題，老菸槍要注意喉嚨痛，咽喉炎的問題。年紀大者，今年慢性病出現，甚至惡化的情況存在，生活作息的時間要正常，吃東西要忌嘴。因此，加強各種保健品的服用，平時中醫調理養身，至少一周一次適當運動安排，有助於生體活力及代謝的正常。已婚女性多注意情緒平衡，保持有趣的心態，減少負面批評或看不順眼的罵人，家庭氣氛和諧，家庭成員開心最重要。

1964年甲辰龍

1964年出生的肖龍者，年命納音爲「佛燈火」，與2025乙巳蛇年的「覆燈火」，八字火火重生，等量相旺。今年事業運旺盛，「陌越」星來幫忙，專業地位更出色，財運也相得益彰，財運亨通，是收穫的一年。凶星影響，人紅是非多，今年做人宜低調，再低調，若是過分招搖，意氣風發，不僅各方壓力沉重，也容易引起健康方面的毛病。注意膀胱，腎臟，及泌尿系統的毛病，喝水要足量，如廁時間要符合正常，年初安排健康檢查，了解目前的健康狀況，早檢查，早發現，早治療，給予解決問題或是防護的步驟。

1976年丙辰龍

1976年出生的肖龍者，年命納音爲「沙中土」，與2025乙巳蛇年的「覆燈火」，八字火來生土，今年是關關難過，關關過。雖然考驗不少，但也算是在轉運中。在競爭中勝出，在努力中收穫。不必過分擔心，因爲貴人運當道，在必要時能給予提攜，指導指路，少走彎路，讓你能夠順風順水。流年凶星傷害力仍然存在，事業工作低調做人，勿管他人閒事，減少不必要的口舌是非，對於家庭亦當如是。健康方面，切忌晚睡早起，熬夜不停，長期下來容易生病。工作計畫很多，應酬不斷，確實白天晚上都忙碌，就怕體力不夠負荷。

1988年戊辰龍

1988年出生的肖龍者，年命納音爲「大林木」，與2025乙巳蛇年的「覆燈火」，八字木火通明，木太重。今年運程提升，渴望闖出一番好成績。事業上會有新的突破，人脈實力越趨向上，如何掌握運用，給予實際上的幫忙及合作，需要用心規劃，突破現有格局。不過，千萬不能有甩手掌櫃的心態，必須親力親爲。財星高照的一年，能收入增加，好好規畫理財。已婚者今年桃花舞春風，感情運受到波動，特別是已婚家庭夫妻，婚外情來打擾，小心糾纏不清，夫妻雙方都要珍惜得來不易的感情生活經營，小心婚變。

2000年庚辰龍

2000年出生的肖龍者，年命納音爲「白蠟金」，與2025乙巳蛇年的「覆燈火」，八字火金相融，相剋。投入社會工作的你，漸漸能適應人情世故，不管是上班同事互動的潛規則，或是下班後的聚會，個人情感關係，皆能順風如意。感情生活今年多姿多彩，戀愛機會多多，順利的話，年底就安排結婚，生子。「天德」星照命，個人職位表現優良，有升職加薪的機會。不過受到流年「病符」星影響，容易過份關心世界，憂國憂民，焦慮不安，胡思亂想，情緒低落。建議今年空閒多安排旅遊，多往郊外公園去，接觸大自然，心情會比較好。

2012年壬辰龍

2012年出生的肖龍者，年命納音為「長流水」，與2025乙巳蛇年的「覆燈火」，八字火水未濟，水火相涉。今年運程變化較大，好的方面，就是學習能力提高，專心一意，學業成績突飛猛進。傷腦筋的部分，因為同學關係而起，容易一言不合，有口舌鬥嘴，或是肢體衝突的發生，千萬記得收斂脾氣，遠離八卦，謠言傳播，減少沒有意義的團體行為，才能將傷害減到最低。多與家中長輩交流，分享生活經驗。注意夏季腸胃毛病，游泳或是去海邊玩耍，要有大人同行才安全。

（九）馬

吉星：太陽，文昌，天廚，天空　星

凶星：晦氣，咸池桃花，勾絞，貫索　星

事業：

2025乙巳蛇年，肖馬者事業進展信心十足，氣勢如虹。「動中生財」，「太陽」吉星當旺，今年海外事業運旺盛，異地生財，國際生財的機會多，如能跨出重要的一步，事業必能更上一層樓，輝煌出彩。個人職業工作者，今年多爭取出差機會，有機會擴大人脈及實力，得到老闆賞識，帶動事業運向上，升官發財沒問題。流年「文昌星」坐鎮，今年大利文化藝術，思維更加敏銳創新。個人才藝出衆創業者，能在行業中取得優秀成績，脫穎而出，名聲響亮，名利雙收。事業工作運較順之月：農曆一月，五月，九月及十二月。

財運：

2025乙巳蛇年，肖馬者財運穩定，正財不錯，源源不斷，可惜偏財運弱，乏善可陳，要想多得，必須付出更多的勞力，加強業務收入。由於流年「晦氣」，「貫索」星出現，收入雖然正常，但是支出頗大，壓力不小，要加倍小心消費用錢，三思而後行。期待總是受傷害，想要越多，得到越少，小心理財之外，還必須開源節流，勤加做帳，以免應酬花費過多，或是借錢投資失利，引起意外的經濟危機。年輕人要注意信用卡刷爆額度的事發生，收入固定的情況下，很可能入不敷出，還得伸手去向爸媽或朋友借錢的窘況發生。現金爲王，今年要多儲蓄。

愛情：

2025乙巳蛇年，是肖馬者的桃花年。桃花滿天飛，感情特別豐富，很容易在適當的場合之下，遇到心儀的對象，前進一步，則友達以上，戀人開始，能否擦出愛情的火花，要好好把握。尚在學校唸書的人，人緣會變好，受到注目，談戀愛機會增多。但也要注意友情的變化，無論是愛情衍生，或是同學情生變，都會影響學業成績。已婚夫妻的感情，今年受到「咸池桃花」的影響，代表「桃花煞」，業務人際關係容易變質，如果是男性，代表喜歡享樂，喜歡美色。如果是女的，則風情萬種，美麗誘人。無論如何，真遇到了，還是要多想想，保持理智，清醒頭腦，感情在不對的時間來到，是福是禍鑑於個人。

健康：

肖馬者今年健康運不俗，身體精神狀況大有改善，精神煥發。年輕人有認知，改變生活作息，精氣神提升不少，閉目養神及熱敷，讓眼睛休息。不過，上班族要注意，喝酒應酬之後，一定要找代駕，否則，喝酒不開車，開車不喝酒，才能免除許多煩惱及意外發生的可能。由於事業運不錯，今年應酬喝酒機會多，發胖的機率較高，飲食習慣要調整，並且多安排運動或是利用科技器材加強代謝，才不致於一下子體重飆升，影響行動。今年多笑口常開，對於身心靈的健康有幫助外，人際關係，戀情發生，感情提升，事業發展向上，都有幫助。

1954年甲午馬

1954年出生的肖馬者，年命納音為「砂石金」，與2025乙巳蛇年的「覆燈火」，流年八字火金相融，火金相剋。今年運程穩定，雖不是太好，至少不缺吃喝。「巳」火熔金，謹記參與高風險或是來路不明的道聽塗說，或是搞不清楚正規單位的海外投資會，慎防因此掉入陷阱，被騙而破財。健康方面無大礙，保持固定良好的健走，游泳，打高爾夫運動都是不錯的。季節性的感冒，流鼻水，咳嗽，反倒要注意，小病千萬別拖，以免擴大加重，影響原有舊疾的併發症，無一好處。

1966年丙午馬

1966年出生的肖馬者，年命納音爲「天河水」，與2025乙巳蛇年的「覆燈火」，八字火水未濟，水火相涉。今年運程不差，事業運平穩向上，還能有名氣的提升。但是「貫索」，「勾絞」星肆虐，財庫破洞，頭腦混沌之下，容易被劫財。小心辛苦了大半輩子，親人來借錢，有錢也不還，你因此而被劫財，有苦難言，還不見得要的回來。建議謹愼保守，低調一點，所謂：客不離貨，財不露白。把錢花在自己身上，去遊山玩水，出國旅遊都好，早點遠離糟糕八卦的親友圈。

1978年戊午馬

1978年出生的肖馬者，年命納音爲「天上火」，與2025乙巳蛇年的「覆燈火」，五行火火相旺，事業充滿變化與契機，業務上有突破，受到貴人賞識，合作的機會多，名聲提升不少。想要突破業績成效，要多主動去拜訪客戶，拋開以前賺大錢的觀念，細水常流總是安心。若是固定上班族，受到老闆拔擢的機會大，好好把握，抓住展現自己長才的機會。即便是想創業者，今年都能順利開展，並且有大客戶的強力支持，業績穩定，持續向上。理財切忌跟風聽信高收益，小本經營或是按比例金額分配較好。

1990年庚午馬

1990年出生的肖馬者，年命納音為「路旁土」，與2025乙巳蛇年的「覆燈火」，八字火來生土，土太重。運程不差，但是容易錯過許多事業合作機會，容易焦慮，甚至有轉換跑道的念頭，建議多了解現況，市場經濟不佳的時候，一切要「穩」字當頭。今年受到「咸池桃花」星的影響，感情問題傷腦筋。女性特別想結婚，桃花緣不錯，可以遇到心中劃定條件的對象，或是相親遇到心儀的異性，順利交往。男性則會事業，桃花糾纏不清，腳踏兩條船的情況發生，甜中見苦，苦中作樂，千萬小心處理，以免樂極生悲。

2002年壬午馬

2002年出生的肖馬者，年命納音爲「楊柳木」，與2025乙巳蛇年的「覆燈火」，流年八字木火通明，相得益彰。雖然今年的運程充滿變數，但是整體而言，還是持續向上的。今年仍在學校或是剛出社會者，得到貴人長輩的帶領，能夠撥亂反正，轉危爲安，小心前進，結果穩中求勝。財運不佳，存不了錢，更要開源節流才是。感情是屬於多姿多采的一年，人脈圈的擴大，主動參與下班後的活動，變的有期待與興奮，可望藉此認識到心儀的對象，循序漸進展開戀情。

（十）羊

吉星：無

凶星：月煞，豹尾，喪門，羊刃星

事業：

2025乙巳蛇年，肖羊者事業運穩定中還是有些變化，大方向能持續向上。但是流年欠缺吉星，少了實力貴人的扶持，實屬遺憾。還好以往實力及口碑的奠基，以事實證明了你的眞實力。因此必須更加親力親爲，凡事要靠一己之力來前進，市場賺錢的觀念，互聯網上的新知及技術要善用，設定目標，一步一腳印的走，才能關關難過，關關過。流年「豹尾」星，代表才能有其獨特以及過人之處，但是工作雜事多且繁，下半年壓力更大，結果有時不了了之。今年性格突出口不擇言，因此也容易得罪人，特別是公司內的小人，千萬注意。事業工作運較順之月：農曆二月，五月，六月，十月。

財運：

2025乙巳蛇年，肖羊者今年財運一般，業務雖多，投入時間與進財不成比例。加上送往迎來的事較多，花費支出也相對多，因此，如何在現有的存款基礎上再增加收入，應該格外用心，控制消費慾望。驛馬星動，多接觸海外生意比較有賺錢的機會，打開心胸與思維，創新理念，與人合作。今年的理財目標，開源節流是必須，減少沒必要的支出，更是遵守原則。年輕人若不能改變消費心態，仍然大手大腳的花費，提前消費的後果，又沒有應急用的錢準備，恐怕挖東牆，補西牆的窘境會不斷的發生，甚至是向爸媽伸手要錢，向親朋好友借錢的情況都會發生，千萬注意，提早準備，防患於未然。

愛情：

2025乙巳蛇年，肖羊者沒有吉星入駐，姻緣運較弱。心情煩悶，容易孤芳自賞，更加形單影隻，許多身旁的事影響到了生活，包括和諧的人際關係以及感情。由於流年凶星波及，今年容易顯得落寞，內心苦悶，情緒怒火攻心時，或可能引起口語上的誤會，要多忍耐忍耐，以和爲貴，調整好正面積極，平和對應的心態。男女朋友交往，受到流年一堆煞星干擾，容易頻繁鬥嘴，情商不佳時，則會吵的不可開交。已婚夫妻，要多體諒對方。家，是相互包容，學習，成長，溝通，關愛的地方，家和萬事興比甚麼都重要。

健康：

2025乙巳蛇年，健康運不俗，規律的生活作息，適當的健身，周末假日時的戶外走動，遊山玩水，身心開闊，快樂多巴胺因子，讓你開開心心過日子。今年女性朋友，身體狀況小毛病出現頻繁，一會兒牙痛，一會兒生理痛到要去醫院，一會兒感冒咳嗽，千萬多多愛護自己，尤其是中年肖羊者，建議今年要多關懷自己的婦科，保養要用心。適當的運動，維持每週至少一次的運動習慣，日常的散步，拉筋伸展，有氧瑜珈，室內輕慢跑等，都是不錯的。男性朋友，要戒除熬夜的習慣，即使白天有補眠，長期下來對身體健康，癌症的產生，影響衰老的程度，還是不容小覷。

1955年乙未羊

1955年出生的肖羊者，年命納音爲「砂中金」，與2025乙巳蛇年的「覆燈火」，八字火金相剋，相融。財富狀況無憂，不過七十一歲正逢「轉角煞」，變動沖逢較大，不宜再涉獵高危險或過大的投資，對於親友提出創業借錢的事，能緩則緩，能避則避，或是量力而爲，否則煩惱叢生或是有借不還，都是會被牽連受累，因此而破財的。健康方面，要多注意筋骨關節上的老毛病，遵從醫師的建議，吃藥，保養，回診，此時此年，身體健康比甚麼都重要。

1967年丁未羊

1967年出生的肖羊者，年命納音爲「天河水」，與2025乙巳蛇年的「覆燈火」，八字火水未濟，水火相涉。今年事業上諸多考驗，在競爭中獲得更高的成就，學習中進步。由於流年沒有吉星光臨，事業工作會較累，凡事得親力親爲，還好，有貴人出現給予指點，創意發揮，正財收入頗豐，偏財運少有，今年的理財計劃要多用心，在現有的儲蓄上多元分配，投資指適合中長線，保守穩定爲佳。健康方面會出現傷腦筋的狀況，不愛運動的人，必須爲了身體而改變，提早計畫運動表，提高運動率，才能避免出大問題。

1979年己未羊

1979年出生的肖羊者，年命納音爲「天上火」，與2025乙巳蛇年的「覆燈火」，八字火火重生，火太旺。今年運程整體處於向上階段，事業運上升，業務拓展範圍擴大，海外，跨業合作機會大，需要勞碌奔波，雖然壓力不小，但是機會難得，把握珍惜。大項目的合作，簽署文件，白紙黑字的合約要小心核對，數字盯緊，準確無誤，以免吃虧。固定工作者，能力頗強，職務受到肯定，升官發財青雲直上。健康方面，容易睡眠不足，淺眠狀況，建議多安排身體放鬆的精油按摩，睡前泡腳，假日遠離塵囂，恢復平衡的精

氣神狀態，有助於走更長遠的路。

1991年辛未羊

1991年出生的肖羊者，年命納音爲「路旁土」，與2025乙巳蛇年的「覆燈火」，八字火來生土，土氣太重。今年運勢較爲起伏，備受制肘，千萬留心，戰戰兢兢面對。個人創業者老闆，今年情緒是影響一切結果的導因，小心禍從口出，急躁容易與人產生衝突，一言不合容易起爭執，多溝通，多聽他人意見，在微利時代，雙贏，三贏，有後續將來的合作比甚麼都重要，不要與錢過不去。注意外出或運動時，頭部，手腳的意外。今年小心容易經常偏頭痛發生機率較高，建議年初安排檢查。

2003年癸未羊

2003年出生的肖羊者，年命納音爲「楊柳木」，與2025乙巳蛇年的「覆燈火」，八字木火通明，相得益彰。今年運程比去年好，漸漸向上。還在學校唸書之人，學校老師能給予最佳建議，嚴師出高徒，幫助你做好最後衝刺，與進入社會的準備。投入社會工作者，今年運勢不俗，貴人出現，能發揮相當實力，個人才能而受到重視，事業前途光明，好好把握。不過，旺運之時，千萬別飄了，以爲自己很厲害，想要高薪轉換跑道，可惜，各種時機還未成熟。

（十一）雞

吉星：三台，華蓋，將星，天解，地解 星

凶星：五鬼，血刃，官符 星

✿事業：

2025乙巳蛇年，肖雞者受到「三台」吉星「將星」的拱照，整體運勢可望拾級而上，事業成就再上一層樓。流年「地解」星，代表搬遷，驛馬星動，異地生財的機會大增，擴大世界觀，多主動爭取並合作，定能財源廣進。上班族今年事業明顯有進步，會被老闆及大主管授予業績任務，猶如將領帶兵衝鋒陷陣，開疆闢地，發揮長才，圓滿達成任務。不過，「官符」，「五鬼」星的亂，小心人紅是非多，職場小人忌妒者，無所不在，得做好人情世故的工作。從事軍警，消防，武職或是五金機械相關者，今年才華得以彰顯，事業步步高升，令人稱羨。事業工作運較順之月：農曆三月，六月，七月，十月，十二月。

財運：

肖雞者今年財運不俗，比去年收入又增加了不少。受到「三台」星的光臨，財運向上，無論是正財收入，儲蓄的金額或是投資分紅，均有提升，財源廣進，值得開心。「地解」星代表移居，置產，搬家，裝修，今年動中生財，海外房地產可以適當關注，有機會投資生利。此外，各種流年凶星打擾，財運仍有波動，做好穩健的理財配置計畫之外，也要預留備用資金，包括醫療，家人臨時救急或是突發事件。今年千萬不要幫人作保，或共同簽署不清不楚的投資合約，應適當找到法律專家給予建議，保障自己的金錢口袋。

愛情：

2025乙巳蛇年，肖雞者感情運挺好，人緣佳，人氣旺，在適當的公開場合下，容易被注目，容易出光彩，容易與異性擦出愛情的火花，展開順利的戀愛。不過，被流年「五鬼」煞星波及，穩定的戀愛關係或是已婚家庭夫妻，其中一方會出現不安全感，容易疑神疑鬼，東想西想，對自己沒信心，懷疑對方在外偷吃或是感情外遇，莫名無事生事，小事生大事，引起無謂的感情生變或是家庭風波。建議最好多分享生活互動，坦誠交流。安排自己休閒時間多參與社團，朋友間的聚會，開心才能放心，愛屋及烏，大家都受惠。

健康：

2025乙巳蛇年，肖雞者健康運並無大礙，順利平安。只不過，受到「血刃」凶星迫害，今年要份外小心使用刀具或是尖銳物品時，切勿分心，以免遭受意外。開車，過馬路也要留神，更忌諱看手機，打電話，顧左右而言他。建議年初可進行洗牙或是捐血的動作來化解，讓大事化小。今年腸胃功能較弱，國外旅遊，出差的機會多，夏季生冷食物少吃，注意衛生安全。要多花一點時間從事適當運動，養成好習慣，增加運動量，心肺舒活的功能，起居飲食時間正常，平時養生做起，保持正面積極的能量，才能眞的延年益壽。

1969年己酉雞

1969年出生的肖雞者，年命納音爲「大驛土」，與2025乙巳蛇年的「覆燈火」，八字火土相生，土氣太重。今年運勢大吉大利，事業順利向上之外，更受到資深長輩貴人的提攜，明財穩定，暗祿得利，財運豐沛，令人羨慕。不過，由於流年凶星騷擾，千萬記住，甩手掌櫃坐不得，凡事還得親力親爲。今年也有可能在增加收入的賽道上，另創財路，異路功名，收穫無限。健康運尚可，年紀漸大，要注意碳水食物的比例，戒掉愛吃甜食的習慣，以及應酬時的暴飲暴食。合理的飲食，常規的生活作息，堅持一項適合自己的運動，維持下去即可。

1981年辛酉雞

1981年出生的肖雞者，年命納音爲「石榴木」，與2025乙巳蛇年的「覆燈火」，八字木火通明，錦上添花。今年運程不俗，努力向上，工作方面多爭取主動，不要怕去嘗試，要多接受新觀念，新的合作模式，必定能找出一條屬於自己賺錢的方式。從事文化，行銷，才藝獨創者，今年創意無限，是個大利年。至於錢財方面，因爲流年凶星不少，口舌是非，嚴重的官非發生機率較高，不去碰來路不明的高風險金融產品。在工作崗位上，少管閒事，

不去越法，做好自己，減少不必要的厤煩纏身。

1993年癸酉雞

1993年出生的肖雞者，年命納音爲「劍鋒金」，與2025乙巳蛇年的「覆燈火」，八字火金相融，相剋。人際關係的變化及考驗，社交生活多采多姿，人脈圈拓展開來，如何借力使力，是今年事業發展一大課題。越是想賺錢，越要向心內修，而非攀附向外。尤其是投機，違法的事千萬別碰，以免被損友拖累，破財事小，引發牢獄之災就糟了。健康稍弱，焦慮不安的事變多，影響睡眠品質，建議學會放鬆，去給專業技師按摩，睡前泡澡，調息打坐，都能緩解壓力。

2005年乙酉雞

2005年出生的肖雞者，年命納音爲「井泉水」，與2025乙巳蛇年的「覆燈火」，八字火水未濟，水火相涉。今年運勢變化較大，考驗不小。學業方面受到同學的激勵及自我的清醒，專心學習，文思潮湧，完成應有的作業，可順利畢業。感情方面，桃花大旺，感情運飛揚，無論是在進修，或是初投入社會工作的人，小心「紅艷煞」，腳踏兩條船，愛恨糾結，疲於奔命，處理不佳，都會受到嚴重影響。已投入社會工作者，財運不穩定，花錢如流水，錢財留不住。

（十二）狗

吉星：紅鸞，月德，唐符 星

凶星：小耗，死符 星

事業：

2025乙巳蛇年，肖狗者今年運程大有改善，信心十足，最是大展鴻圖的時機。流年「月德」星坐鎮，代表今年會很忙碌，資深上班族，在職務上能獲得重要的指揮權，給予實力展現，勇闖高峰。賺錢的機會多，同時也是新的突破與學習，必須要跟上時代，「借力，借勢，借資源」，才能進快進入狀況，取得優異成績，名列前茅的機會。「小耗」星存在的同時，注意今年職場忌妒者，小人背後說閒話，人際關係要妥善處理，以和爲貴。事業工作運較順之月：農曆三月，六月，七月，十月，十二月。

財運：

2025乙巳蛇年，肖狗者今年財運尚可，上半年表現不佳，下半年漸漸向上。正財不缺，持續平穩的收入，毋須擔心。偏財運多在海外，可以嘗試機會，加強外語，把握商機。今年投資理財，建議多元分配，不動產，保險，基金，股票及現金。或是了解一下保值，增值的骨董物品市場。流年碰上「小耗」星，代表錢財易洩，瑣碎開支較多，財進財出的狀況嚴重，必須做好記帳工作。上班族尤其要小心理財，把錢花在刀口上，切忌信用卡提前超支，或是借貸消費，利息循環沒完沒了，倒楣的還是自己。建議今年多開拓財源，利用電商，網路的需求來參與，一分心力一分錢，分分都是錢。

愛情：

2025乙巳蛇年，肖狗者桃花人緣暢旺的一年。單身者異性緣特別好，感情生活多姿多彩。此外，流年「月德」貴人星加持，會碰上很多主動介紹對象的長輩牽線，不妨接受一下，不要排斥，說不定符合你條件的對象就因此出現了。新婚夫妻，今年把握催吉運的機會，建議安排生子添丁計畫，延續喜氣，招財，貴氣扶搖直上。已婚家庭夫妻，多和另一半分享工作及生活中的經驗及趣事，共同的朋友圈，不要拿著手機過生活，也不要因爲孩子而綁架了生活，任何感情得來不易，且行且珍惜。

健康：

2025乙巳蛇年，肖狗者健康運不算穩定，主要因流年凶星「死符」的迫害，衝擊的力量不小，身體健康明顯受到影響。今年必須小心維護身體的正氣，生活起居要正常，千萬別連續熬夜，長期下來，精氣神不佳，癌症一定會找上你，不要輕忽你的健康本源。夏季或是季節交替期間，注意支氣管及呼吸系統，容易遭受流行病毒，季節性感冒，一但放任自己或是吃成藥，恐怕難以對症下藥，咳嗽變嚴重的情況產生。今年整體情緒容易緊張，憂心忡忡，建議調節心態，該放鬆就放鬆，利用周末假日，多前往附近公園或郊外，看看綠色風景，呼吸芬多精，加強心肺功能，保持身心健康。

1958年戊戌狗

1958年出生的肖狗者，年命納音爲「平地木」，與2025乙巳蛇年的「覆燈火」，流年八字木火通明，相得益彰。今年以屆六十八歲，還在公司任職高位者，雖然業績穩定，不必過於擔心，要多適度放鬆及調適。公司合約的簽署，注意數字，再三審核，減少視力老花，出錯的問題。金錢運不俗，投資理財早有一套穩定的方式。健康方面，注意減壓，保持良好的睡眠品質，養生飲食，適度運動，一切有規矩的循環。今年頭部的健康要格外注意。

1970年庚戌狗

1970年出生的肖狗者，年命納音爲「釵釧金」，2025乙巳蛇年的「覆燈火」，八字火金相融，相戰。今年運勢相對走穩，海外商務合作機會開啓，建議多了解考察。事業運往上，貴人來助，工作忙碌，財運不俗，屬於大收穫者。唯人紅是非多，官場，商場都要注意，低調行事，除了工作，假日遠離業務中的朋友，遠離是非謠言的產生，多留給家人，開心加倍。健康方面，注意手部的毛病，打網球，高爾夫球者，尤其注意運動肘的傷害。

1982年壬戌狗

1982年出生的肖狗者，年命納音爲「大海水」，與2025乙巳蛇年的「覆燈火」，八字火水未濟，水火相戰。今年運程較往年沖逢變動大，有望進入一個全新的領域及賽道，相對帶來的事業壓力也會不少，工作量大增，要有心理準備，打一場勝利的戰，而非臨前敗陣，自我先投降。固定職位者，今年不妨主動參與計畫執行，團隊合作，雖然較爲辛苦，但是「做中學」的態度，能讓你進步快速，飽滿收穫，也算是勞而有功。男性注意，牆外桃花的出現，一旦處理不佳，弄巧成拙的窘境，最好妥善處理。

1994年甲戌狗

1994年出生的肖狗者，年命納音爲「山頭火」，與2025乙巳蛇年的「覆燈火」，八字火火重生，火氣太旺。今年整體運勢不俗，忙碌中處處要小心謹慎。事業有新的突破，人際關係也能大躍進，職場做是得心應手，可以發揮實力，升職加薪沒有問題。創業者，今年得利於貴人的幫助，事業信心十足，但也要注意評估投資風險，以免投入時間成本比，賺得不多，還白忙一場。感情桃花旺旺，單身者或是二婚者，能遇到心儀的人，展開順利的戀愛，年底走入家庭。

2006年丙戌狗

2006年出生的肖狗者，年命納音爲「屋上土」，與2025乙巳蛇年的「覆燈火」，八字火來生土，但是土太重。今年運程向上，頭腦似乎變聰明了，學習意願提高，學業成績因此進步，畢業沒有問題。無論生活或是學業上都很忙碌，同學關係變得活絡，面面俱到的你，又不想得罪同學朋友，又必須把學業顧好，總是感覺時間不夠用，如何調適，如何篩選，在適當的時候要學會拒絕。生活作息要正常，放下手機少刷視頻，睡眠要充足。

西元2025乙巳蛇年，民國114年，乙巳年，干：木，支：火，納音：覆燈火，五行：木，年太歲：吳遂 太歲星君。

太歲方：東南方　歲破方：西北方

喜　神：東　方　財　神：西南方。

拜廟轉運 開運接財 吉時

1. 農曆正月初一，卯時，巳時，酉時
2. 農曆正月初三，卯時，辰時，巳時
3. 農曆正月初四，子時，辰時，巳時
4. 農曆正月初五，卯時，辰時，巳時
5. 農曆正月初六，卯時，辰時，巳時

開市吉日，財源廣進

1. 2月2日，農曆正月初五，卯時，辰時，巳時
2. 2月3日，農曆正月初六，卯時，辰時，巳時
3. 2月6日，農曆正月初九，卯時，辰時，巳時
4. 2月7日，農曆正月初十，辰時，巳時，午時
5. 2月9日，農曆正月十二，巳時，未時，酉時

《禮記》：「祭出於心，非物自外至，內盡於己，而外順於道也」

祭祀的眞實意義是向天地祖宗神靈敬拜、供奉、稟告、請示、發願、承諾。祭祀出於內心，是一個內誠的過程，是對精神性存在的敬拜供養、稟告請示，是一個人的自我教育，是向精神莊嚴性內心世界的回歸活動。古往今來，帝王將相、達官顯貴、豪門望族、成功精英等，他們瞭解到生命的眞相，明白智慧頂禮拜佛，利用莊重的儀式及尋求自然界珍稀的風水環境來成就自我順利人生。

備註：

1. 子時：（前一日23時至01時）。
2. 丑時：（01時至03時）。
3. 寅時：（03時至05時）。
4. 卯時：（05時至07時）。
5. 辰時：（07時至09時）。
6. 巳時：（09時至11時）。
7. 午時：（11時至13時）。
8. 未時灶扒：（13時至15時）。
9. 申時：（15時至17時）。
10. 酉時：（17時至19時）。
11. 戌時：（19時至21時）。
12. 亥時：（21時至23時）。

（一）蛇（本命年犯太歲）

開運物：女【黃金 戒指，手鍊，耳環，項鍊相關飾品】
男【金曜石 戒指，手鍊相關配飾，開運鑰匙鏈】

開運色：紅色，白色，金色

幸運數字：8、4

生肖貴人：肖牛，肖猴

旅遊建議方向：東方，南方，東北方

招　財：2025 乙巳蛇年，肖蛇者恰逢本命年，肖蛇者正財收入尚稱穩定，偏財少有，並且財運浮沉反覆。今年要詳實記帳，切忌提前消費或是借貸消費，絕對會有挖東牆補西牆的窘境發生，千萬遵守。開源節流，節制消費慾念，才能順利過完一

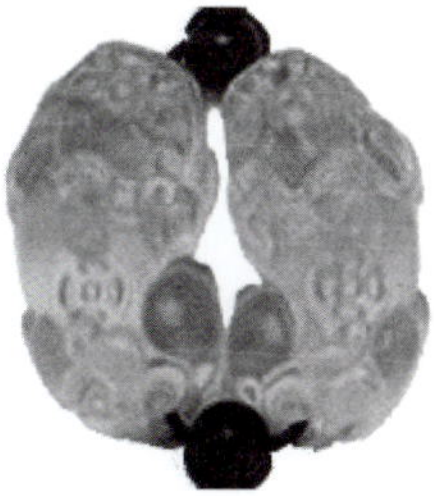

年。建議今年可以換個新的紅色錢包，多吃豬肝，紅棗，紅豆，葡萄，紅酒。大年初十前，去財神廟祈福加持，或是借廟方的銀行財庫錢，增添穩定加強財運，催旺一整年財運。

招桃花：2025乙巳蛇年，肖蛇者，因流年犯太歲之故，想要戀情發生，獲得愛情的滋潤，事與願違，並非順利。儘管流年犯太歲，但是藉由辦喜事來「化喜衝災」卻是最好的方式，包括：結婚，生子，搬遷等。已婚家庭女性，今年要多安排有意義的興趣愛好，排解空虛寂寞。建議多喝玫瑰茶，紅絲絨蛋糕，紅色火龍果來養桃花氣。另外，單身男女，建議在臥室—東南方，擺放水生紅色花卉瓶，或佈置紅色抱枕或是溫暖的黃光臺燈座，達到催發愛情順利的效果。建議在大年十五前去拜月老，祈求眞命天子（女）的出現。家庭和諧，感情順暢。

（二）豬（沖太歲）

開運物：女【紅玉髓戒指，手鍊，耳環，項鍊相關飾品】
男【黃玉戒指，手鍊 或 開運鑰匙鏈】

開運色：黑色，紅色，黃色

幸運數字：1、8

生肖貴人：肖龍，肖兔

旅遊建議方向：東方，南方，西南方

招　財：2025乙巳蛇年，肖豬者太歲相沖之年，運程波動大，事業上需要格外謹慎。「八座」星增強吉運，在崗位資歷到達一定程度者，領導管理能力在今年能表現出色，甚至會獲得提升。「驛馬」星降臨，動者爲財，建議肖豬者，多向外發展，會有意想不到的收穫。建議換個紅色或是黃色系的錢

包，換新添薪，有助轉財運。大年初十以前，去財神廟祈福加持，或是借廟方的銀行財庫錢，增添穩定加強財運，催旺一整年財運。

招桃花：2025乙巳蛇年，肖豬者感情運一般，像是霧裡看花，似有非無。要突破單身狀況，有點困難，得靠長輩。已婚肖豬者夫妻，今年受到「欄杆」及「歲破」星打擾，甚至還節外生枝，一定要把情緒管控好，家和萬事興。單身男女，今年可多以棗紅色飾品來開運。另外，建議在臥室—東南方，擺放水生紅色花卉瓶，或佈置紅色抱枕或是溫暖的黃光檯燈座，達到催發愛情順利的效果。單身者建議在大年十五前去拜月老，祈求眞命天子（女）的出現。家庭和諧，感情順暢。

✿（三）虎（刑太歲／害太歲）

開運物：女【紫水晶 戒指，手鍊，耳環，項鍊相關飾品】

男【和闐玉 戒指，手鍊，或 開運鑰匙鏈】

開運色：紅色，紫色，綠色

幸運數字：6、0

生肖貴人：肖狗，肖馬

旅遊建議方向：東方，南方，西北方

招　財：2025乙巳蛇年，肖虎者「刑太歲」加上「害太歲」雙重影響，運勢非常不穩定，突如其來的事，經常考驗著你。加上「捲舌」星來騷擾，職場人際關係，小心應對。「地解」星代表棄舊立新，海外機緣產生的時候，不要排斥。不過，今年財運突然爆好，財運亨通，投資獲利。正財運穩定上升，

偏財運上漲，還有橫財運突然到來，簡直令人羨慕，好好規劃理財配置。建議今年換個新的紅色錢包或皮包，並在長夾錢包底層放上美金，以及其他兩種不同的鈔票，使財氣充滿。大年初十以前，去財神廟祈福加持，或是借廟方的銀行財庫錢，增添穩定加強財運，催旺一整年財運。

招桃花：2025乙巳蛇年，單身肖虎者，今年的愛情運提升不少，職場人氣大旺，人緣很好，口才加分，成爲社交活動上的紅人。大受歡迎，能在適當的場合中遇到心儀的異性。不過受到流年「捲舌」星破壞，容易情緒波動影響感情交往。爭吵，鬥嘴或是吵架，誤會叢生，讓你忙不勝忙，短戀或閃戀的情況會發生。今年咖啡，紅豆湯，玫瑰花茶來助運。單身男女，建議今年宜多穿紅色的衣物，擦上亮麗口紅或粉色腮紅，甚至開運內衣，喜氣上身。在大年十五前去拜月老，祈求眞命天子（女）的出現。家庭和諧，感情順暢。

✿（四）猴（刑太歲／破太歲）

開運物：女【灰色珍珠 戒指，手鍊，耳環，項鍊相關飾品】
男【硨磲 戒指，手鍊相關配飾或 開運鑰匙鏈】

開運色：白色，灰色

幸運數字：1、8

生肖貴人：肖鼠，肖蛇

旅遊建議方向：東南方，北方，西北方

招　財：2025乙巳蛇年，肖猴者盛到「破太歲」以及「刑太歲」雙重影響，運勢起伏頗大，吉凶參半，下半年漸漸開展，信心增強，

先苦後甜。今年財運突出，正財收入源源不絕，偏財表現也是亮麗，時不時會有意外的錢財收入，但由於流年凶星不少，秉持該花費則花費，謹慎理財。建議建議今年可以換個新的米白色錢包，多吃白色食物，雞，鴨，海鮮，山藥，洋蔥，蘿蔔，銀耳，百合等。大年初十以前，去財神廟祈福加持，或是借廟方的銀行財庫錢，增添穩定加強財運，催旺一整年財運。

招桃花：2025乙巳蛇年，肖猴者桃花運暢旺的一年，充滿各種機會，如魚得水，也充滿各種危險的情況，心情混亂。單身男性今年人氣大旺，桃花滿天飛，愛情運甜蜜，若能把握機會，遇上對的那個人，很可能年底就能走入婚姻的殿堂，懷孕添丁，成家立業，喜事降臨。單身者多穿米白色系套裝，戴珍珠，可多吃金性食物，例如：蓮子，銀耳，山藥等，增強自信心，建議在大年十五前去拜月老，祈求眞命天子（女）的出現。家庭和諧，感情順暢。

（五）鼠

開運物：女【橄欖石 戒指，手鍊，耳環，項鍊相關飾品】
男【黑曜石 戒指，手鍊，或 開運鑰匙鏈】

開運色：紫色，綠色，黑色

幸運數字：1、6

生肖貴人：肖牛，肖龍

旅遊建議方向：東方，北方，東南方

招財：2025乙巳蛇年，肖鼠者今年事業擁有「紫薇」以及「龍德」星的加持，簡直是人生大轉運，鴻圖大展，一定要把握這難得機會。財運旺旺，財星拱照，貴人相助，令人羨慕。整體財運

相對穩定，錢財的收入會明顯的增加。今年多喝綠茶，普洱茶，綠色蔬果，接近大自然。搭配一個亮麗的綠色皮包或上衣，增加好運。大年初十以前，去財神廟祈福加持，或是借廟方的銀行財庫錢，增添穩定加強財運，催旺一整年財運。

招桃花：2025乙巳蛇年，肖鼠者今年不屬於桃花興旺之年，但是「紫薇」吉星進駐，讓你人氣高漲，魅力信心大增，能夠在眾多的公開場合活動中，遇到心儀的對象，展開順利的戀情，感情生活也變得多姿多彩。單身女性，善用紫色的飾品，可以增添桃花感情順利。建議在臥室－東南方，擺放水生紅色花卉瓶，或佈置紅色抱枕或是溫暖的黃光檯燈座，達到催發愛情順利的效果。在大年十五前去拜月老，祈求眞命天子（女）的出現。家庭和諧，感情順暢。

（六）牛

開運物：女【珊瑚 戒指，手鍊，耳環，項鍊相關飾品】

男【墨玉 戒指，手鍊，或 開運鑰匙鏈】

開運色：橘紅色，紫色，黑色

幸運數字：7、8

生肖貴人：肖鼠，肖蛇

旅遊建議方向：西方，北方，東南方

招　財：2025乙巳蛇年，肖牛者事業運穩中求貴。得到「華蓋」星的加持光芒，從事文化創意，音樂，藝術創作者能有新的突破，屬於才華洋溢，以才藝出名的一年。雖沒有偏財，但是業績能突破。無論是才藝出眾型，或是專業技術領先型，努力工作的同時，今年仍有升遷機會。建議今年可以換個新的橘紅色或是黑色的錢包，讓你財氣更旺。大年初十以前，去財神廟祈福加持，或是借廟方的銀行財庫錢，增添穩定加強財運，催旺一整年財運。

招桃花：2025乙巳蛇年，肖牛者感情運平凡無奇。流年遇上吉星「華蓋」的帶領，今年特別因才藝出名而受到重視，職場，社會人際關係不錯。但是「華蓋」星代表孤單，私底下，反而越來越孤芳自賞，喜歡享受孤獨時光。建議女性多穿暖色系的服裝，心情較爲開朗，也容易爲你帶來高人氣。建議在臥室－東南方，擺放水生紅色花卉瓶，或佈置紅色抱枕或是溫暖的黃光臺燈座，達到催發愛情順利的效果。單身男女，建議在大年十五前去拜月老，祈求眞命天子（女）的出現。家庭和諧，感情順暢。

(七) 兔

開運物：女【紅寶石戒指，手鍊，耳環，項鍊相關飾品】
男【藍寶石 戒指，手鏈，或 開運鑰匙鏈】

開運色：白色，紅色，深藍色

幸運數字：3、6

生肖貴人：肖馬，肖狗

旅遊建議方向：南方，西北方，西南方

招　財：2025乙巳蛇年，肖兔者今年事業發展順心，因爲有「祿勳」星大力加持，「祿勳」星代表對事業有幫助，亦有領導才能，會有不錯的進步。不過，今年老闆得更用心在事業，即使有專業經理人，也不能偷懶開會，管帳，得親力親爲。正財也算豐厚，生活飲食不缺。偏財與橫財，乏善可陳，謹慎

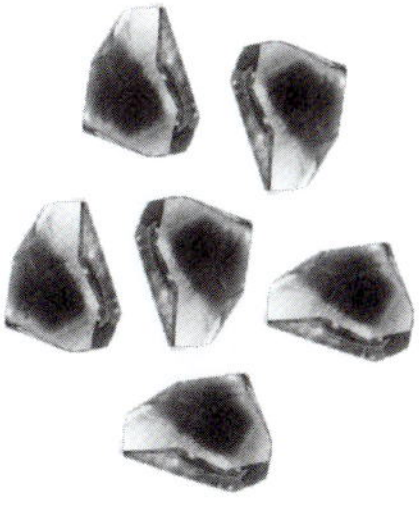

理財。建議今年可以換個紅色或深藍色的錢包，多擺上紅色的紙鈔。大年初十以前，去財神廟祈福加持，或是借廟方的銀行財庫錢，增添穩定加強財運，催旺一整年財運。

招桃花：2025乙巳蛇年，肖兔者感情生活不盡人意，戀愛關係來來去去。由於流年的凶星太多，多多少少影響心情，總喜歡一個人獨行，孤芳自賞的結果，想要能有順利的戀情發生確實不容易。今年宜多穿紅色的衣物，擦上亮麗口紅或粉色腮紅，甚至開運內衣，喜氣上身。多吃豬肝，紅棗，紅豆，葡萄。紅酒，咖啡，紅豆湯，玫瑰花茶來助運。單身或已婚男女，建議在臥室—東南方，擺放水生紅色花卉瓶，或佈置紅色抱枕或是溫暖的黃光臺燈座，達到催發愛情順利的效果。建議在大年十五前去拜月老，祈求真命天子（女）的出現。家庭和諧，感情順暢。

（八）龍

開運物：女【珍珠 戒指，耳環，項鍊相關飾品】

男【黃水晶 戒指，手鏈，或 開運鑰匙鏈】

開運色：白色，黃色，黑色

幸運數字：7、8

生肖貴人：肖鼠，肖猴

旅遊建議方向：北方，東北方，西南方

招　財：2025乙巳蛇年，肖龍者事業向上，流年「陌越」星，是指地位，工作，事業有新的提升和突破，爲旺事業運之神。任職政府部門或是大型企業者，今年備受賞識，貴人提拔，有機會升官發財，績效再上一層樓。正財收入穩定，偏財起伏較大，入袋爲安有限。年輕人切記忌過度依賴信用卡，提早借

貸及消費。建議今年可以換個米白色錢包，多吃大地食品，根莖類如南瓜，紅薯，玉米，花生等，糙米以及牛羊肉。大年初十以前，去財神廟祈福加持，或是借廟方的銀行財庫錢，增添穩定加強財運，催旺一整年財運。

招桃花：2025乙巳蛇年，肖龍者喜事臨門，愛情運旺盛的一年。今年單身男女會有較多閃戀，閃婚的情況發生，能否圓滿取決在於個人，找到適合自己的最重要。新婚家庭，建議今年計畫生子，或是搬遷新房，能好上加好，旺上加旺。白毫烏龍茶香的香水，能讓女性魅力大放。周末的PUB來點小酒，對於愛情運有幫助。建議在臥室－東南方，擺放水生紅色花卉瓶，或佈置紅色抱枕或是溫暖的黃光臺燈座，達到催發愛情順利的效果。建議在大年十五前去拜月老，祈求眞命天子（女）的出現。家庭和諧，感情順暢。

（九）馬

開運物：女【粉水晶 戒指，耳環，項鍊相關飾品】
男【綠幽晶 戒指，手鏈，或 開運鑰匙鏈】

開運色：粉色，淺綠色，黑色

幸運數字：5、8

生肖貴人：肖虎，肖狗

旅遊建議方向：南方，東北方，西北方

招　財：2025乙巳蛇年，肖馬者事業進展信心十足，氣勢如虹。「動中生財」，「太陽」吉星當旺，今年海外事業運增強，異地業務，國際生財的機會多。財運穩定，正財不錯，源源不斷，可惜偏財運弱，乏善可陳，要想多得須付出更多的勞心勞力，才能心想事成。新年換薪，今年換個粉色或黑色的錢

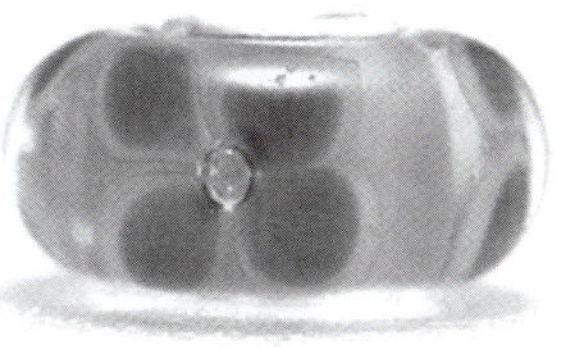

包或是皮包，讓你財氣充滿。大年初十以前，去財神廟祈福加持，或是借廟方的銀行財庫錢，增添穩定加強財運，催旺一整年財運。

招桃花：2025乙巳蛇年，是肖馬者的桃花年，桃花滿天飛，感情特別豐富，很容易在適當的場合之下，遇到心儀的對象，主動出擊，展開戀情。女性戴上粉水晶戒指或是耳環，擦上淡淡花香香水，可以招來良善桃花運。建議今年可以多穿粉色系的衣服或襯衫來開運。建議在臥室－東南方，擺放水生紅色花卉瓶，或佈置紅色抱枕或是溫暖的黃光臺燈座，達到催發愛情順利的效果。單身男女，建議在大年十五前去拜月老，祈求眞命天子（女）的出現。家庭和諧，感情順暢。

（十）羊

開運物：女【棕色托帕石 戒指，手鍊，耳環，項鍊相關飾品】
男【琥珀 戒指手鏈，或 開運鑰匙鏈】
開運色：棕色，綠色，黑色
幸運數字：3、5
生肖貴人：肖兔，肖豬
旅遊建議方向：東北方，西南方，南方
招　財：2025乙巳蛇年，肖羊者事業運穩定中還是有些變化，基本上能持續向上。但是流年欠缺吉星，少了實力貴人的扶持，因此必須更加親力親爲。今年財運一般，業務雖多，投入時間與進財不成比例。建議今年換個新的棕色錢包或皮包，並在長夾錢包底層放上美金，以及其他兩種不同的鈔票，使財

氣充滿。多吃大地食品，根莖類如南瓜，紅薯，玉米，花生等，糙米以及牛羊肉。大年初十以前，去財神廟祈福加持，或是借廟方的銀行財庫錢，增添穩定加強財運，催旺一整年財運。

招桃花：2025乙巳蛇年，肖羊者沒有吉星入駐，姻緣運較弱。心情煩悶，容易孤芳自賞，許多身旁的事影響到了生活，包括和諧的人際關係以及感情。今年適合多喝茶，咖啡來助運。換上穩定的大地色系衣服，成熟魅力更彰顯。單身或已婚男女，建議在臥室—東南方，擺放水生紅色花卉瓶，或佈置紅色抱枕或是溫暖的黃光臺燈座，達到催發愛情順利的效果。建議在大年十五前去拜月老，祈求眞命天子（女）的出現。家庭和諧，感情順暢。

（十二）雞

開運物：女【瑪瑙 戒指，耳環，項鍊相關飾品】
男【綠松石 手鍊相關配飾，開運鑰匙鏈】

開運色：綠色，白色，紅色

幸運數字：4、9

生肖貴人：肖牛，肖龍

旅遊建議方向：東方，東南方，東北方

招　財：2025乙巳蛇年，肖雞者受到吉星拱照，整體運勢可望拾級而上，事業再上一層樓。驛馬星動，異地生財的機會大增，多主動爭取並合作，定能財源廣進。

建議今年多穿金戴銀，戴上傳統指針的手錶，讓自己全身充滿貴氣，藉由手錶指針的轉動，帶動更多的金氣磁場

到來。多吃大地食品，根莖類如南瓜，紅薯，玉米，花生等，糙米以及牛羊肉。大年初十以前，去財神廟祈福加持，或是借廟方的銀行財庫錢，增添穩定加強財運，催旺一整年財運。

招桃花：2025乙巳蛇年，肖雞者感情運挺好，人緣佳，人氣旺，在適當的公開場合下，容易被注目，容易出光彩，容易與異性擦出愛情的火花，展開順利的戀愛。單身男女今年談戀愛的機會多，多穿粉水藍色的套裝，運動服。另外，在臥室－東南方，擺放水生紅色花卉瓶，或佈置紅色抱枕或是溫暖的黃光臺燈座，達到催發愛情順利的效果。建議在大年十五前去拜月老，祈求眞命天子（女）的出現。家庭和諧，感情順暢。

（十二）狗

開運物：女【茶晶 項鍊，戒指相關飾品】

男【白水晶 戒指，手鏈，或 開運鑰匙鏈】

開 運 色：棕色，紫色，白色

幸運數字：1、4

生肖貴人：肖虎，肖馬

旅遊建議方向：東方，東南方，西方

招 財：2025乙巳蛇年，肖狗者運程大有改善，信心十足，最是大展鴻圖的時機。流年「月德」星坐鎮，代表今年會很忙碌，在職務上能獲得重要的指揮權，勇闖高峰。賺錢的機會多，同時也是新的突破與學習。建議今年換個新的米白錢包或皮包，讓財氣充滿。多喝普洱茶，咖啡，接近大自然，散步，爬山，多與

生肖貴人互動。大年初十以前，去財神廟祈福加持，或是借廟方的銀行財庫錢，增添穩定加強財運，催旺一整年財運。

招桃花：2025乙巳蛇年，肖狗者桃花人緣暢旺的一年，好好把握。單身者異性緣特別好，感情生活多姿多彩。「月德」貴人星加持，會碰上很多主動介紹對象的長輩牽線，試著打開心門，先從朋友做起，個性相合就能繼續談戀愛下去。女性戴上珍珠耳環，穿上小香風的服裝，爲你帶來高人氣。建議在臥室—東南方，擺放水生紅色花卉瓶，或佈置紅色抱枕或是溫暖的黃光臺燈座，達到催發愛情順利的效果。建議在大年十五前去拜月老，祈求眞命天子（女）的出現。家庭和諧，感情順暢。

（一）蛇（本命年，犯太歲）

開運菜式搭配五行：火，金 系列

開運色彩：紅色，白色，金色

生肖貴人：肖牛，肖猴

旅遊建議方向：東方，南方，東北方

2025乙巳蛇年，肖蛇者恰逢本命年，肖蛇者正財收入尚稱穩定，偏財少有，並且財運浮沉反覆。今年要詳實記帳，切忌提前消費或是借貸消費，絕對會有挖東牆補西牆的窘境發生，千萬遵守。開源節流，節制消費慾念，才能順利過完一年。建議今年可以換個新的紅色錢包，多吃豬肝，紅棗，紅豆，葡萄，紅酒。大年初十以前，去財神廟祈福加持，或是借廟方的銀行財庫錢，增添穩定加強財運，催旺一整年財運。感情方面，藉由辦喜事來「化

喜衝災」卻是最好的方式，包括：結婚，生子，搬遷等。已婚家庭女性，今年要多安排有意義的興趣愛好，排解空虛寂寞。

（二）豬（沖太歲）

開運菜式搭配五行：火，土系列

開運色彩：黑色，紅色，黃色

生肖貴人：肖龍，肖兔

旅遊建議方向：東方，南方，西南方

招　財：

2025乙巳蛇年，肖豬者太歲相沖之年，運程波動大，事業上需要格外謹慎。「八座」星增強吉運，在崗位資歷到達一定程度者，領導管理能力在今年能表現出色，甚至會獲得提升。「驛馬」星降臨，動者爲財，建議肖豬者，多向外發展，會有意想不到的收穫。建議換個紅色或是黃色系的錢包，換新添薪，有助轉財運。肖豬者感情運一般，像是霧裡看花，似有非無。要突破單身狀況，有點困難，得靠長輩。已婚肖豬者夫妻，今年受到「欄杆」及「歲破」星打擾，甚至還節外生枝，一定要把情緒管控好，家和萬事興。單身男女，今年可多以棗紅色飾品來開運。

（三）虎（害太歲／刑太歲）

開運菜式搭配五行：火，木 系列

開運色彩：紅色，紫色，綠色

生肖貴人：肖狗，肖馬

旅遊建議方向：東方，南方，西北方

招財：

2025乙巳蛇年，肖虎者「刑太歲」加上「害太歲」雙重影響，運勢非常不穩定，突如其來的事，經常考驗著你。加上「捲舌」星來騷擾，職場人際關係，小心應對。「地解」星代表棄舊立新，海外機緣產生的時候，不要排斥。不過，今年財運突然爆好，財運亨通，投資獲利。正財運穩定上升，偏財運上漲，還有橫財運突然到來，簡直令人羨慕，好好規劃理財配置。今年的愛情運提升不少，職場人氣大旺，人緣很好，口才加分，成爲社交活動上的紅人。大受歡迎，能在適當的場合中遇到心儀的異性。今年咖啡，紅豆湯，玫瑰花茶來助運。

(四) 猴 (破太歲／刑太歲)

開運菜式搭配五行：金，水 系列

開運色彩：白色，灰色

生肖貴人：肖鼠，肖蛇

旅遊建議方向：東南方，北方，西北方

招　財：

2025乙巳蛇年，肖猴者盛到「破太歲」以及「刑太歲」雙重影響，運勢起伏頗大，吉凶參半，下半年漸漸開展，信心增強，先苦後甜。今年財運突出，正財收入源源不絕，偏財表現也是亮麗，時不時會有意外的錢財收入，但由於流年凶星不少，秉持該花費則花費，謹慎理財。多吃白色食物，雞，鴨，海鮮，山藥，洋蔥，蘿蔔，銀耳，百合等。大年初十以前，去財神廟祈福加持，或是借廟方的銀行財庫錢，增添穩定加強財運，催旺一整年財運。單身男性今年人氣大旺，桃花滿天飛，愛情運甜蜜，若能把握機會，遇上對的那個人，很可能年底就能走入婚姻的殿堂，懷孕添丁，成家立業，喜事降臨。

（五）鼠

開運搭配五行：木，水系列

開運色彩：紫色，綠色，黑色

生肖貴人：肖牛，肖龍

旅遊建議方向：東方，北方，東南方

招　財：

2025乙巳蛇年，肖鼠者今年事業擁有「紫薇」以及「龍德」星的加持，簡直是人生大轉運，鴻圖大展，一定要把握這難得機會。財運旺旺，財星拱照，貴人相助，令人羨慕。整體財運相對穩定，錢財的收入會明顯的增加。今年多喝綠茶，普洱茶，綠色蔬果，接近大自然。搭配一個亮麗的綠色皮包或上衣，增加好運。「紫薇」吉星進駐，讓你人氣高漲，魅力信心大增，能夠在眾多的公開場合活動中，遇到心儀的對象，展開順利的戀情。

（六）牛

開運菜式搭配五行：水，火系列

開運色彩：橘紅色，紫色，黑色

生肖貴人：肖鼠，肖蛇

旅遊建議方向：西方，北方，東南方

招　財：

2025乙巳蛇年，肖牛者事業運穩中求貴。得到「華蓋」星的加持光芒，從事文化創意，音樂，藝術創作者能有新的突破，屬於才華洋溢，以才藝出名的一年。建議今年可以換個新的橘紅色或是黑色的錢包，讓你財氣更旺。大年初十以前，去財神廟祈福加持，或是借廟方的銀行財庫錢，增添穩定加強財運，催旺一整年財運。今年孤芳自賞，喜歡享受孤獨時光。建議女性多穿暖色系的服裝，心情較爲開朗，也容易爲你帶來高人氣。建議在臥室－東

南方，擺放水生紅色花卉瓶，或佈置紅色抱枕或是溫暖的黃光臺燈座，達到催發愛情順利的效果。

❀（七）兔

開運榮式搭配五行：火，水 系列
開運色彩：白色，紅色，深藍色
生肖貴人：肖馬，肖狗
旅遊建議方向：南方，西北方，西南方
招　財：

2025乙巳蛇年，肖兔者今年事業發展順心，因為有「祿勳」星大力加持，「祿勳」星代表對事業有幫助，亦有領導才能，會有不錯的進步。正財也算豐厚，生活飲食不缺。偏財與橫財，乏善可陳，謹慎理財。建議今年可以換個紅色或深藍色的錢包，多擺上紅色的紙鈔。大年初十以前，去財神廟祈福加持，或是借廟方的銀行財庫錢，增添穩定加強財運，催旺一整年財運今年宜多穿紅色的衣物，擦上亮麗口紅或粉色腮紅，甚至開運內衣，喜氣上身。多吃豬肝，紅棗，紅豆，葡萄。紅酒，咖啡，紅豆湯，玫瑰花茶來助運。

（八）龍

開運菜式搭配五行：金，土 系列

開運色彩：白色，黃色，黑色

生肖貴人：肖鼠，肖猴

旅遊建議方向：北方，東北方，西南方

招　財：

2025乙巳蛇年，肖龍者事業向上，流年「陌越」星，是指地位，工作，事業有新的提升和突破，爲旺事業運之神。任職政府部門或是大型企業者，今年備受賞識，貴人提拔，有機會升官發財，績效再上一層樓。正財收入穩定，偏財起伏較大，入袋爲安有限。建議今年可以換個米白色錢包，多吃大地食品，根莖類如南瓜，紅薯，玉米，花生等，糙米以及牛羊肉。愛情運旺盛的一年。今年單身男女會有較多閃戀，閃婚的情況發生。新婚家庭，建議今年計畫生子，或是搬遷新房，能好上加好，旺上加旺。

（九）馬

開運菜式搭配五行：木，水系列

開運色彩：粉色，淺綠色，黑色

生肖貴人：肖虎，肖狗

旅遊建議方向：南方，東北方，西北方

招　財：

2025乙巳蛇年，肖馬者事業進展信心十足，氣勢如虹。「動中生財」，「太陽」吉星當旺，海外事業運增強，異地業務，國際生財的機會多。財運穩定，正財不錯，源源不斷，偏財運弱，乏善可陳，要想多得須付出更多的勞心勞力，才能心想事成。新年換薪，今年換個粉色或黑色的錢包或是皮包，讓你財氣充滿。桃花滿天飛的一年，感情特別豐富，很容易遇到心儀的對象，主動出擊，展開戀情。女性戴上粉水晶戒指或是耳環，擦上淡淡花香香水，可以招來良善桃花運。建議在臥室－東南方，擺放水生紅色花卉瓶，或佈置紅色抱枕或是溫暖的黃光臺燈座，達到催發愛情順利的效果。

（十）羊

開運榮式搭配五行：木，土系列

開運色彩：棕色，綠色，黑色

生肖貴人：肖兔，肖豬

旅遊建議方向：東北方，西南方，南方

招　財：

2025乙巳蛇年，肖羊者事業運穩定持續向上。但是流年欠缺吉星，少了實力貴人的扶持，因此必須更加親力親爲。財運一般，業務雖多，投入時間與進財不成比例。建議今年換個新的棕色錢包或皮包，並在長夾錢包底層放上美金，以及其他兩種不同的鈔票，使財氣充滿。多吃大地食品，根莖類如南瓜，紅薯，玉米，花生等，糙米以及牛羊肉。姻緣運較弱的一年。心情煩悶，容易孤芳自賞，許多身旁的事影響到了生活，包括和諧的人際關係以及感情。今年適合多喝茶，咖啡來助運。換上穩定的大地色系衣服，成熟魅力更彰顯。

(十二) 雞

開運菜式搭配五行：金，木 系列

開運色彩：綠色，白色，紅色

生肖貴人：肖牛，肖龍

旅遊建議方向：東方，東南方，東北方

招 財：

2025乙巳蛇年，肖雞者受到吉星拱照，整體運勢可望拾級而上，事業再上一層樓。驛馬星動，異地生財的機會大增，多主動爭取並合作，定能財源廣進。今年多穿金戴銀，戴上傳統指針的手錶，讓自己全身充滿貴氣，藉由手錶指針的轉動，帶動更多的金氣磁場到來。多吃大地食品，根莖類如南瓜，紅薯，玉米，花生等，糙米以及牛羊肉。感情運挺好，人緣佳，人氣旺，在適當的公開場合下，容易被注目，容易出光彩，容易與異性擦出愛情的火花，展開順利的戀愛。單身男女今年談戀愛的機會多，多穿粉水藍色的套裝，運動服。

（十二）狗

開運菜式搭配五行：土，金 系列

開運色彩：棕色，紫色，白色

生肖貴人：肖虎，肖馬

旅遊建議方向：東方，東南方，西方

招　財：

2025乙巳蛇年，肖狗者運程信心十足，最是大展鴻圖的時機。流年「月德」星坐鎮，代表今年會很忙碌，在職務上能獲得重要的指揮權，勇闖高峰。賺錢的機會多，同時也是新的突破與學習。建議今年換個新的米白錢包或皮包，讓財氣充滿。多喝普洱茶，咖啡，接近大自然，散步，爬山，多與生肖貴人互動。桃花人緣暢旺的一年，好好把握。單身者異性緣特別好，感情生活多姿多彩。女性戴上珍珠耳環，穿上小香風的服裝，爲你帶來高人氣。

五行	顏色	味道	開運食材
金	白	鹹味、清香味、辛味（辣，非辣椒辣）	食材：二隻腳的家禽、蒜、胡椒、銀耳、黃豆、鮑魚菇、竹笙、白蘿蔔、茭白筍、蟲草花、黃色金針花、韭黃、蓮藕、豆腐、蘋果、牛奶、霜淇淋、凍、白葡萄酒、粉絲、燕窩、甘蔗、白芝麻、椰子、白巧克力、羊肉、鴨、雞、雞蛋、雞精、冰啤酒、礦泉水、臘味，腦，豬肺、奇特少見食材（山東，東北，韓國一代風味）

木	綠	酸味、甘味清新味	食材：松露、花旗參、冬菇、金針菇、杏鮑菇、花菇、蘆薈、菠菜、芹菜、芫荽、莧菜、蕹菜、韭菜、白菜、茼蒿菜、西生菜、西蘭花、紅蘿蔔、小黃瓜、碗豆、四季豆、冬瓜、苦瓜、洋蔥、大蔥、毛豆、奇異果、日本柿子、哈密瓜、木瓜、番茄、橘子、薄荷、青花椒、青椒、抹茶、葡萄、甘蔗、綠豆、青檸、向日葵瓜子、梨、青蘋果、楊桃、蛇肉、兔肉、腸、肝、山林野味、茶葉、龍井、花茶、香草、可食用之花果（銀杏、杏仁、百合、松子、核桃）（上海，江蘇，浙江，法國一代風味）
水	黑	鹹味、鮮味純味	食材：海參、海膽、燕窩、魚翅、鮑魚、江瑤柱、黑胡椒、黑豆、銀耳、雪耳、木耳、黑米、香菇、黑麥、黑芝麻、紫米、黑喬麥、豆豉、黑芝麻、蓮子、蓮藕、髮菜、黑桑椹、黑棗、栗子、龍眼肉、八仙果、黑葡萄、糙米飯、粥、豬肉、烏雞、白酒、各種海中生物、海鮮、海鮮乾貨、魚片、魚頭、昆布、海帶、紫菜、豆腐、豆漿，豆芽菜（粵菜，台菜風味）

火	紅	辣味、甜味苦味	食材：榴槤、草莓、紅豆、紅棗、枸杞、番茄、山楂、紫洋蔥、辣椒、紅甜椒、日本養命酒、葡萄酒、藥酒、紅蘿蔔、西瓜、辣油、花椒、茄子、香腸、火腿、紅莧菜、紫蘇、萵苣、紅棗、紅石榴、火龍果、玫瑰花、蔓越莓、巧克力、咖啡、紅蘋果、荔枝、薑、沙茶、燒烤、酥炸、煲、沙嗲、辣咖哩、龜、蚌、蟹、蝦、貝類、乳鴿、蛇肉（馬來西亞，泰國，印尼、越南，義大利風味）
土	黃	甘味（帶甜）重味、油	食材：四隻腳的動物、豬肚、豬心、雞蛋黃、馬鈴薯、番薯、豆腐乾、黃甜椒、酸菜、核桃、花生、蕎麥麵、麵條、米飯、栗子、木瓜、柿子、香蕉、鳳梨、玉米、麵筋、味增、天麻、枸杞、紅麴、當歸、蜂蜜、柳丁、牛蒡、金針、豬血、甜味咖哩、大骨、瓜果、土中物（紅薯，地瓜、山藥、玉米、洋芋、芋頭、花生、瓜子、栗子）竹笙、筍、牛肉、牛腩、羊肉（印度，新疆，阿拉伯風味）（四川，陝西風味）

備註：食材或香料，只要符合五行屬性者，大廚師都可以自行加入！咖哩屬於土！（若不清楚，也可以詢問老師或上網查詢）

㈠乙巳蛇年是承先啓後的一年，是轉瞬息變的一年，是抓住機會的一年，是改頭換面，是洗心革面，是創造重生的一年。強強聯手，合作共贏。取長補短，相輔相成。必須自己要找到穩中求貴的方法，在轉角煞的一年內，找到穩守突擊的妙方。平心對應，安全度過。

㈡乙巳蛇年，調整心態，把自己驕傲想賺大錢的心態放下，拒絕競爭，找到屬於自己的藍海，不要想自己多有本事，去競爭很激烈的的紅海，去拚殺，去陣亡。拒絕打誇大廣告，而是去做到客戶滿意的口碑行銷，實力見證。把產品做到極致好，把內容做到眞正扎實，把服務做到用心，用快樂情緒，打倒容貌焦慮。用知足心態，擊敗缺錢焦慮。吃得剛剛好，適當節食就是聚氣。身體健康就是財富之本。自律行爲就是留財。不要有躺平的心態，就是對得起自己與社會。

㈢一個人的命運吉凶，藏在他的嘴裡。都說：會說話的女人最好命。人的生命是有限的，也許，你今天對家人，對親密愛人，朋友或同事 撂下一句狠話，這可能～就是你們之間的最後一句話。言語行爲是可以選擇的，眞的情緒上來的時候，靜下心來，切勿衝動，一口深呼吸，緩慢，再緩慢的控制好自己情緒，口不出狂言，臉不顯難色。誰都不容易，當今的微利商業下，做老闆也不容易，控制好自己，好好的改善說話的方式，才能讓人際關係變得更好，獲取更多當下的開心，長遠的幸福。

㈣網絡，短視頻時代，手機，螢幕背後誰也不知道是誰，我行我素，無法無天，語言猖狂，沒有道德標準。人心脆弱崩離，一言就可能不合，更是見不得人好的心態。因此，在人際關係互動上，任何時候不要撕破臉，也不要選擇報復，留一點退路給自己，也給他人。離火運開始，培養善良的心，我很好，你也不錯。爛掉的果子，會自己從樹上掉下來，不需要你親

自動手。你只管積你的功德，儲存你的福慧。

㈤俄烏戰爭二年下來，烏克蘭已減少人口約八百萬，全世界人口老齡化的問題更是日趨嚴重，聯合國人口專家爲此警告說：人口老齡化必將對世界各國預算，構成嚴重影響。並有可能引發經濟危機。年輕人不應該再置身事外，當個啃老族，應該好好投入社會工作，學習，交朋友，談戀愛，結婚，多多生孩子，恢復人類社會該有的生物循環，新舊交替，老少平衡，用情於人，陰陽不滅，造福自我，也功德國家與世界。

㈥情緒經濟，顏值經濟，悅己經濟~在在都顯示了「離」火大運的現象，女性賺錢能力變強了，女人的自我意識提高了，女人能出類拔萃的環境更多了。悅己經濟的背後，就是自己給自己花錢，花得開心，花得自在。不是一定要男人給女人花錢，或是一味的給男人花錢，不願意花了錢還被人嫌摳門，被人挑剔，被姊妹說風涼話。獨立的女性，可悅山高，也悅己心。

不糾結，不糾纏，不去揪心任何強求的人事物。悅己，悅己，樂己！

(七)你不能提供過人的價值能力，再多的人脈都會失效。因爲，你用得上別人，可別人用不上你。你的價值能力，是用來跟別人交換的，你提供不了，就如同一個商家沒有產品可提供，卻妄想能要到客戶的錢。沒有人會和你聯繫，因爲和你聯繫，就是一場消耗。所以，我們必須做一個價值創造者，提供者，人和人要交易，不要施捨，更不要去乞討。趕緊認準一個領域及賽道，學習，實踐，經歷，日新月異，長期持續，提升價值和能力，終有一天你會成功。

(八)總資產已達到2856億美元的新世界首富—馬斯克自己說：我的人生甚麼時候開始開掛？我的人生開掛，是我突然意識到：世界是個草台班子。我曾經認爲那些很牛的人，很厲害的人，那些企業家，那些我覺得仰視的人，當我走近他們的時候，我才發現～他們也不過如此。在這個隨機的世界裡，你的行動力快一點，你的膽子大一點，你勇氣足一點，你的自我控制強一點，你可能就比別人成功的快一點！所以，先完成，再完美。在奔跑中調整姿勢，在學習中加快腳步，走出去，你才能幸運！

㈨懂得分享，助人利他，才是2025年最應該實行的商業智慧精神。人與人之間最大的區別，不是能力的區別，而是「能量」的區別。能力，是可以後天訓練的。自信，卻是與生俱來的。你有足夠高的野心，你有足夠高的事業慾望，你有足夠高的自律，你就懂得延遲滿足，你就懂得感恩所有。所以，年輕人如果不改變現狀，安於現狀，就是~溫水煮青蛙，煮著，煮著，就煮死了。千萬謹記！

㈩天天都被問到：老師，我甚麼時候開運？我說：開運之前必須先開悟！甚麼是開悟呢？開悟之前，世間所有的問題，都離不開「錢」和「情」。開悟之後，世上所有的問題都是「心」的問題，都是「自己」的問題。向外求，都是問題：向內求，才是答案。一念一清淨，心似蓮花開。

㈩ 離火大運二十年，明聰的女人，千萬不要做一個剛烈性格的人。天下最好的狀態，就是柔和，以柔克剛。爲剛則易斷，爲剛則易折。剛強怕柔弱，至柔者，剛也。至柔，是一個女人最好的素質。怎麼柔呢？修行！修你的口，修你的心，心的覺察力提升了，如同～水利萬物而不爭，柔和慈悲喜捨，好事都會降臨，家和萬事興。

㈪ 你只管善良，因爲福報一直在路上。因爲可能在某一天，你遇到了困難，會有一種無形的力量，會幫你度過難關。它，不是人，也不是錢，而是你從前以來，而至今，你積累的善意善行。

曼樺　乙巳蛇 2025 年運程

作　　者　曼　樺
FB：mmanhua@facebook.com
Pauline9988@qq.com

發　　行　全國印前資訊事業有限公司
特約編輯　黃丹萬
校對編輯　黃月民
美　　編　吳玉惠

國家圖書館出版品預行編目(CIP)資料

曼樺乙巳蛇年運程. 2025 / 曼樺作.
-- 臺北市：全國印前資訊. 2024.12
面；　公分.

ISBN 978-626-97158-2-4（平裝）

1.命書

293.1　　113017858

本版發行　2024年12月
ISBN　978-626-97158-2-4
定　　價　新台幣 250 元

出 版 者　全國印前資訊事業有限公司
地址：台北市松山區八德路四段286號2樓
電話：02-27480139
傳眞：02-27487987
網址：http://www.em.com.tw

總 經 銷　紅螞蟻圖書有限公司
地址：台北市 114 內湖區舊宗路 2 段 121 巷 19 號
電話：02-27953656
傳眞：02-27954100
E-mail　red0511@ms51.hinet.net